神道新論

日本の言葉から明治維新百五十年を考える

河村央也

作品社

神道新論◉目次

はじめに

二〇一八年は明治維新から百五十年の節目の年である。非西洋にあって最初に近代資本主義の世となったこの日本は、いまなお夜明け前である。われわれはみずからの近代をふりかえり、つぎの時代をひらいてゆかねばならないところにきている。

近代日本の問題を明治期に小説のうちに残した作家がいる。その一人が島崎藤村であり、その作品がまさに『夜明け前』である。藤村は『夜明け前』で、江戸から明治へ新しい時代の夜明けのために闘った人々を、心をこめて描く。そして「古代の人に見るようなあの素直な心」を世にとりもどしたいという、明治維新に託した人々の夢をとりだしつつ、現実の明治の世はいかなる有様であったのかを問うている。藤村が『夜明け前』で追究した明治維新と日本近代の問題は、すべて今日に開かれたままである。

本書は、『夜明け前』を読み、「あの素直な心」を現代日本語の基層のうちに探究し読みとる。このとき、日本語のうちに伝えられてきたまことの神道が現代によみがえり、近代日本を逆に照らし出す。

序章　課題とその方法

根なし草言葉

かつて、私は高校教員として地域の教育運動に取り組み、その一環として教員組合運動を担った。地域の底辺校であったその公立高校は、いわゆる行革の流れのなかで、その後廃校になった。教員を辞してからは政治組織の専従もしたが、それにもまた破れた。およそ四半世紀前のことである。

このような闘いは、いずれにせよ敗北の連続で、破れたこと自体は一般的なことであるが、そのとき私は、組合や党派の機関紙などに書いてきた自分の言葉が、人の心にまでは届いていなかったのではないかということを、深く考えざるを得なかった。

私はその後、塾などで高校生に数学を教えることを生業としながら、一九九九年、電脳空間に青空学園を開設、日本語科と数学科を置いてこれを主宰し、考えたことを文字にする場としてきた。そこで自分の課題を掘り下げてゆくと、みずからの考えの浅さとともに、近代日本語の問題そのものに行きあたった。

その過程で、鶴見俊輔さんが『無根のナショナリズムを超えて —— 竹内好を再考する』のなかで次のように言っているのに出会った。

> 日本の知識人は欧米の学術をそのまま直訳していて、日本語のように見えますが、実はヨーロッパ語です。それをよくわかっていないのです。そういうものとして操作しているので、根がないのです。し

かし、日本語そのものは二千年の長さをもっています。万葉集から風土記から来ている大変なものなのです。万葉集を読んで聞いてわかるのですから。イギリス語、フランス語より深い歴史をもっています。今もそれは生きているのです。この古い言語の意味に、さらにくっついている魑魅魍魎も全部引き受けて、何とか交換する場をつくりたい、それが竹内好の言語の理想です。なぜ、それを生かさないのでしょうか。そこに日本の知識人が行っている平和運動とか、反戦運動がすぐにあがってしまう理由がある、という感じがします。

「反戦運動がすぐにあがってしまう」という言葉は私にとって実に痛切であった。ここで鶴見さんが言っていることは、私の問題意識と通底している。実際、近代日本の思想や学術の言葉について言えば、古くからの根のある言葉を掘りさげ深め、そのうえに意味を定め、それを積み重ねてゆくということはなされなかった。

人は言葉によって人である。人をして人とする言葉を固有の言葉という。日本語を固有の言葉とする人は、人にとって最も大切なことの一つを失ったまま日々を送っているのではないか。二〇〇五年になくなったフランスの哲学者であるジャック・デリダは『生きることを学ぶ、終に』で次のように語る。

この情熱によって、フランスに対する情熱ではなくても、少なくとも、フランス語が数世紀このかた体内化した何ものかに対する情熱によって私は生きています。

おそらくはモンテーニュやパスカルにはじまる「フランス語が数世紀このかた体内化した何ものか」と

いうデリダの言葉にこめられた思いと、「数世紀」と「体内化した何ものかに対する情熱」のもつ意味に圧倒された。この言葉に出会ったとき、近代日本語における「体内化」の不在を自覚しなければならなかった。

近代日本語は体内化するところも体内化することも、ないのではないか。時間はまだ百五十年であるとしても、近代日本語は「体内化した何ものか」が実に乏しいのではないか。

この問題をぬきにしてデリダを論じても、あるいはデリダに依って発言しても、それは日本語の言説として無意味ではないか。

近代日本語がこのような言葉であるなら、語られる言葉のほとんどは宙を舞うだけであって、人を動かさないし、生かさない。二十一世紀になって、日本の官僚言葉が「東大話法」と定式化され、無責任に国家を私物化する政治の空虚な言葉が報道され続けたが、このような話法が成立するその根源もここにあるのではないか。このことの重大さをおさえない言説は空しい。

そのうえで、デリダの言葉を教訓とするなら、われわれは「近代よりもはるか昔からの日本語がこのかた体内化した何ものか」に立ちかえるしかない。そのように考えた。

深い日本語の歴史に立ちかえり、現代において日本語を耕し続け、長い日本語の歴史のなかのいま、この転換の時代を言葉とともに生きたい、このような思いをもつに至った。この転換は日本語の歴史が求めている。ゆえにそれは必然であり可能である。そのための長い蓄積をいとわなければ可能なはずである。

外から入ってきた言葉と内からの言葉の相克と乗り越えについては、日本語の歴史自体に先例がある。

七、八世紀、いかに漢字語の取り入れが全盛でも、さらに深部では固有の言葉がゆっくりと育っていた。山を拓き田を耕す人々は、働くところにおいて固有の言葉を育てた。そこで育った言葉が土台になって、万葉集等のうたが生まれた。

一方で、支配層のなかでは漢語をまねた言葉が一時は全盛を誇った。しかしそれでほんとうに考え、みずからの内面を言い表すことはできなかった。

それから百年、九世紀末になって遣唐使が廃止され中国風の形をまねた文人政治の時代が終わった。唐の滅亡とそれに続く東アジアの動乱の時期に、日本国の支配者は動乱の波及を恐れて国を閉ざした。そのとき、律令にもとづく日本国の国家体制に多くの矛盾が露呈し、社会は重大な転換点にさしかかっていた。それからさらに百年を経て、荘園制の成熟期に源氏物語が現れた。「ことわり」は源氏物語で多く用いられた。源氏物語は、はじめて日本語で深く人を表現した。その表現された内容こそが「ことわり」であり、また、人の生き方も「ことわり」としてとらえる。「ことわり」は源氏物語を貫く基本的な考え方であった。

人はみずからの固有の言葉を耕してはじめて人であり、現実問題としてその言葉は日本語である。この源氏物語にいたる過程を教訓とするならば、やはり現代日本語と向きあわねばならず、それを避けたままの人の生き方と言葉は軽薄であり、流れに浮かぶうたかたに過ぎない。

根のない言葉である近代日本語を、再度定義しなおしてゆく営みが必要である。その前提として、定義に用いる言葉そのものをもういちど見直さなければならない。

そのために、日本列島の歴史を、鶴見さんの言われる二千年よりながく、三千年の幅で考えること、つまり天皇家の祖先が日本列島に来るよりもはるか以前から捉え直すことを心がけた。

現代日本語を掘り下げることで、そこに蓄えられた歴史を掘り起こし、三千年前に縄文語がタミル語に出会い、そして混成し熟成してゆく過程を現代において確認し、日本語の構造における位置を明らかにする。それをもとに、基本的な日本語を、その構造上の位置の確認と現代における経験をとおして、再定義する。これを方法の基礎とした。

それは、「古い言語の意味に、さらにくっついている魑魅魍魎も全部引き受け」るための準備作業でもあった。

論述力の衰え

私はこの四半世紀、高校生に数学を教えてきた。その経験のなかからもまた、現代日本語を見直してゆくという課題に出会った。

私は最初に働いた高校で「わかって、にっこり」が授業の原点であると生徒たちから教えられた。人は「ああ、そうか」とわかればにっこりし、その人自身が変わる。そこに喜びがある。この経験を得るところこそ授業の場である。

教育とは、その子のうちにある力を引き出し、人そのものを育てることである。人ひとりひとりを開花させる。そうして現れた人のさまざまな力は、けっしてその人の私有物ではない。どんな力も、多くの人々に囲まれ育まれてはじめて開花する。育まれたみずからの力は、育ててくれたこの世間に返さなければならない。こうして人を育て、人に支えられる世でなければならない。

それを教えられた。

その後の試行錯誤を経て、みずからの言葉が人の心に届かなかったという思いをもって、再び高校生に数学を教え始めた。今度は、高校生の、言葉で考える力、つまりは論述の力が衰えているという問題に直面した。

言葉とは、存在を分節してつかむことであり、同時に、考えることそのものであり、それをまとめ、話し書いてゆくことである。この力がおしなべて弱い。何度も何度もこの事実に出会ってきた。

考える力の衰退という現実に出会うことで、自分自身が高校時代、近代日本語への違和感を強くもっていたことにあらためて気づいた。その頃読んだ哲学の本のなかに「思考する」という言葉が何度も出てきた。しかし高校生の自分には「思考する」とはどのように頭を働かせることなのかわからなかった。「思う」は分かる。「考える」も分かる。だが「思考する」はわからなかった。

高校生の私は、次の例から「思う」と「考える」は別の言葉だと考えていた。

私のことをほんとうに思っているの。

そうだよ。

なら、もっとしっかり考えてよ。

この対話は、「思う」という言葉と「考える」という言葉が、並置できない別の言葉であることを示している。同時に、ほんとうに思うのなら考えるはずだということも意味している。別の言葉だからこそ、この使い分けができる。

ところが近代日本語は、これをそのまま繋いで並置し「思考する」という言葉を作った。これは英語の

think等に対応するための漢字造語であって、それまで用いてきた日本語に根ざした言葉ではない。「思考」は明治時代に、英語のthinking、フランス語のpensée、ドイツ語のDenken等の翻訳語として作られたとも言われる。しかし「思考」は翻訳語ではない。翻訳というなら、すでに日本語のなかに「思考」という言葉があって、それがthinkingとほぼ同じ意味であることが先行していなければならない。しかし「思考」はthinkingに出会うまでは日本語のなかにはなかった。だから翻訳でもない。造語である。

私は後に、瓢鰻亭通信の前田俊彦さんの遺稿を集めた『百姓は米をつくらず田をつくる』の冒頭「わがこころざし」の次の一文に出会い、わが意を得た思いをした経験がある。

たとえば「思考の対象」という言葉が、『純粋理性批判』の訳本のなかでは随所にでてくる。しかしながら、いったい〈思考する〉とはどういうことをするのか、私にはどうしても理解することができなかった。学者ともなった人の脳味噌は、凡人の脳味噌とはちがったはたらきをするのかもしれないとおもったりしたけれども、そんなことかあろうはずがないし、よくよくかんがえてみれば、それは日本人ならだれでもいう〈おもう〉と〈かんがえる〉をいっしょくたにしたのでしかないのである。「何をおもい、何をかんがえるか」といえば子どもでもわかるが、「何を思考するか」といってわかったような顔をする人の脳味噌は、そのほうがほんとうはどうかなっている。

かつて私は初期の「瓢鰻亭通信」にかいたのであるが、わかい恋人同士のつぎのような会話、「あんた、ほんとにわたしをおもってくれてるの」「おもっているとも」「だったら、すこしはかんがえてよ」と、こういう素朴な会話のなかの〈おもう〉と〈かんがえる〉はけっして同義語ではなく、また、この二つの言葉をいっしょにして〈思考する〉といって、あたらしくべつの精神のはたらきとすることもできないのである。このことをさとっただけでも、私の七年間の刑務所くらしはその甲斐があったとおもっている。

また、出典は定かでないが、ある日本の哲学徒の次のような話がある。哲学徒はかつてドイツに留学した。部屋の掃除に来たメードが、窓をあけるときに「aufheben」と言った。aufheben はヘーゲル哲学の基礎概念で「止揚する」と訳している。それで「ドイツではメードまでこんな哲学語を使うのか」と感心したというのである。しかしこれは逆で aufheben は誰もが使う日常語なのだ。それを抽象してみずからの思想の基幹の言葉に育てたのがヘーゲルなのだ。

ドイツに学ぶのなら、何よりこのような日常語と哲学語の関係をこそ学ぶべきであった。だが、近代日本は、西洋の知の肝心なところは学ばず、結果のみを漢字語を作って移入した。ここに近代日本語の基本問題がある。

このような近代日本語のあり方にこそ、高校生の考える力が弱い根源がある。ここを何とかしていかなければ、高校生の言葉の力が衰える一方である。それどころか、日本語は次の時代には人の言葉としての役割を果たせないのではないか。このことに思い至った。

私はつねひごろ次のようなことを高校生に言い、また青空学園数学科に書いてきた。

力は内から

勉強の途上で何か分からないことに出会ったら、まず、現在の自分の内部の力、自分の知っている方法で考える。これは練習問題にかぎらずいえることだ。これまでいろんなことを勉強し、一定の知識を持っている。いまの自分の知識をもとに考える。すぐに類題や例題の解答を見たりしない。教科書などで言葉の定義は正確に確認する。そして何が問題であるかがつかめたら自分で考え始める。

これを内因論の態度という。いま自分の内にある知識と方法で考える。そのことによって解き方を考えたり方法そのものを工夫する力が育つ。

それに対して、すぐに例題の解答に頼ったり、まだ習っていないからできないと放置したり、こういう態度を外因論という。やり方を知らないからとあきらめたり、安易に解答を見たり、解き方を人に聞いたりする。これでは力が伸びない。

内因論の態度が身についている人は、確実に力が伸びる。こうやって一歩一歩その分野を自分のものにし、自分の内に考える力を育てていく。あらゆる教科についていえることであるばかりでなく、人が生きていくにあたってぶつかるすべての問題に対し、内因論で事にあたる。

困難でも確実に頂上にいたる道を

自分の力を信じ、困難でも確実に目的地にいたる道を歩んでほしい。頂上にいたる道ほど勾配がきつく、険しい道である。その道が険しいからといって、勾配の緩やかなところばかりを歩いていると、いつまでたっても頂上には至らない。山の周りをまわっているばかりになってしまう。目の前に二つの道がありいずれに進むか迷ったなら、困難に見える道を選べ。実はそれがいちばん確かな道なのだ。それが目的地に続く道なのだ。

自分にとってより困難に見える道を選び、そして努力の末に解決した。このような経験はこれからの力になる。高校時代の勉強、受験期の勉強をとおして、このような勉強の姿勢、人生の態度が身につけば、それは何よりあなたの財産になる。

日本語の力をつけよ

現代文でほんとうに学ぶべきことは「日本語による論理」である。これを身につける。これは理系の諸君にこそ必要である。数学の問題は論述問題であることを忘れるな。日本語の力がなければ証明問題の論述力がつかない。そしてこの論述力は、実際に書かなければ身につかない。

日本語は論理的ではないという俗説がいまもなくなっていない。それは誤りである。言葉は言葉である以上、論理的である。西洋語の論理と重なる部分と異なる部分があるということだ。日本語での論理を身につける。これなくしてどの言葉でも論理的な文章は書けない。後から習得した言葉では、母語で考えられる以上のことを考えることはできない。

自分で何か現代文の参考書をさがし努力してほしい。そしてとにかく書く。文章を読んで、四分の一に要約したり、十分の一で大意をまとめたり、二行で骨子を書いたり、一言で表題をつけたりしてみる。昔の高校生は文系理系に関係なく、この訓練を自分に課して、とにかく書いたものだ。そしてそれがほんとうの論述力をつける。

高校生にこう言うのなら、まず私自身が問題をほりさげて考えねばならない。これは言葉の専門家や教育にかかわるものだけの問題ではない。言葉の意味を自覚して問い、そして言葉をいつくしむことが、ひとりひとりの日常の営みとして根づかなければならない。そういう文化でなければならない。そうなら、言葉の素人が言葉に向きあうことには意味がある。これが、私が言葉にかかわる根拠であった。

偽りの普遍性

私が出会った近代日本語の問題を、世界のなかで考える。近代とは資本主義近代であり、資本主義は世界を単一の市場へ統合しようとする。世界を単一の世界へと突き動かしてきた資本主義の力は、言葉の固有の構造を失わせ表面的な水準での共通化へと突き進ませようとする。つねにそこには、西洋資本主義世界のその時の支配的価値観を普遍なものとする力が働いていた。しかしそれは、偽りの普遍である。真の普遍は固有性が共生し共存する場でなければならない。

資本主義の力はまた「言語帝国主義」という形でも現れ、現実には西洋語がそれぞれの言葉のなかに入り込んでゆく。入り込み方は、日本語の場合、漢字造語で置きかえるという形をとってきたが、近年はカタカナ語でそのまま取り入れる方が多くなっている。

私が大きな違和感を持ってきた近代日本語は、このような背景をもってつくられてきた。

さらに、現代日本語の置かれた状況は日本語だけのものではなく、多くの非西洋語の状況でもあって、避けられない。また、非西洋語の現実は実は西洋語の現実を照らす。このように考えるなら、私が出会った問題は、非西洋における近代化のかかえる問題そのものであり、資本主義西洋の問題そのものでもある。

ところがいま、その資本主義が終焉にむかいつつある。『資本主義の終焉と歴史の危機』にあるように、資本主義とは中心部が周辺部を収奪しながら拡大するものであり、拡大・成長は資本主義の存在条件である。ところが地球は有限である。もはや現実に拡大する余地はない。拡大を旨とする資本主義は終焉する。地球という有限の船の上で、それは永遠ではありえない。日本はその先端を行っている。

実体経済活動への投資では利益が出ないので、資本主義延命策として周辺部を内部に作り、そこから収奪するしかなくなっている。この方法は、結果としていわゆる格差を拡げ購買力を衰退させ、行きづまる。あるいは、アメリカのように金融空間を作り出し、金融空間で周辺部から金を集める。しかしこれは必ずバブルの崩壊を招く。さらにまた、EUのように欧州帝国を作り出すことで生き延びようとしても、帝国のなかの周辺部からの収奪を強めれば結局は収奪されたところにおいて危機が起こる。いずれも擬似的に拡大する場を作ろうとしてきたが、それらの方法はもはや限界に近づいている。

いまや、軍事分野以外に利潤を生み出すところがないところに至り、紛争を引きおこし戦争があおられている、それが現在である。

とするならば、近代資本主義が押しつけた偽りの普遍性に対抗して、固有性を保守するということ自体が、資本主義の終焉期において、つぎの時代につながってゆく。つまり、日本語を基層からとらえ直し、それをひきついでゆくことは、現代においてこそ深い意味をもつ。

人とは言葉をもって協働するものであり、その言葉はそれぞれの人に固有のものである。そうであるならば、資本主義が終焉期にさしかかっているいま、歴史の次の段階をきりひらく主体の形成のためには、資本主義が塗りつぶし覆い隠した、それぞれの地域や文明の固有のものの見方や考え方を、取り出さねばならない。そして、それぞれの固有性に根ざした言葉を準備しなければならない。

本稿への経過

私はこのように考え、青空学園において、日本語の勉強を始め、それを言葉にして積み重ねてきた。その過程で島崎藤村の『夜明け前』に出会い、これを読み込み、二〇〇四年に「『夜明け前』を読む」としてまとめた。これを青空学園日本語科において、さらに推敲を重ねてきた。

以来さらに十数年の時間が経過した。この間の変転をふりかえるなら、まず二〇〇八年、世界的な経済危機が起こった。これは、拡大を旨とする資本主義が、地球の有限性のゆえにもはや拡大し得ず、歴史が次の段階を求めているという事実を教えている。

そして、二〇一一年三月十一日、東京電力福島第一原子力発電所の核惨事が起こり、今日に続いている。これは、明治維新にはじまる近代日本の問題が集中した人災そのものであった。

さらに、二〇一五年、西洋世界の難民問題が表に現れた。これは、八百年におよぶ西洋の非西洋に対する収奪の結果として社会的な基盤が崩れた地域からの、生きるための大移動であり、かつてのゲルマン民族大移動と同様、旧世界を大きく揺り動かしている。

そして、日本においても欧州においても、排外的で偏狭な民族主義が台頭し大きな力をもってきている。土台にあるのは資本主義の行きづまりである。民族主義は問題の解決たりえず、世はますます混乱と混迷を深めてゆく。

このような世の移り変わりをふまえて、この時代の問題と重ねあわせて『夜明け前』を読みなおした。そして、日本の近代を見直し歴史の次の段階を考えようとする課題において、日本語の基層の探求を方法の基礎としてきた。

本書は季刊雑誌『日本主義』に寄稿した二つの論考がもとになっている。

一つは、言葉の再定義は生きることの意味を問うことである、とする「言葉の力と『生きる』ことの意味――日本語の再定義を求めて」（第三十五号所収）である。これが第三章のもとになっている。

もう一つは、『夜明け前』を読み解き日本の近代を問う「いま『夜明け前』を読む」（第三十六号所収）である。これが第一章、二章のもとになっている。これらは、ウェブサイトの青空学園日本語科（検索）にも収納されている。

これらを統合し次のように再構成した。

第一章で、島崎藤村の作品『夜明け前』を読む。島崎藤村によれば、国学の徒や志士が夢見たことが、「古代人のあの素直な心」をいまに甦らせることであったことを、つかむ。

第二章で、明治維新とはどのような歴史的構造をもつのかを解明する。明治維新を主導した主体としての国学の形成とその意味を考え、そのもとに実際はどのような変革がそこで行われたのか、そしてそれはいかなるところに帰結したのか、これを探究する。

第三章で、日本語の神を定義する。「あの素直な心」をつかむには、本居宣長による神の定義を読み解くことが前提である。そのために必要な日本語を再定義する。そして、国学の根底にある神を、日本語そのものから今日において取り出し、日本語が伝える神と神道を、再発見する。そして、国学の徒が夢見た「あの素直な心」を読み解く。

第四章で、まず私自身の経験をふりかえり、われわれの生活における神道や仏道の意味を考える。そのうえで、明治維新では実現しなかった国学の徒の夢が、逆に資本主義が終焉期に至っている今日こそ新しい問題提起であり、神道が示す人と世のありかたこそ、つぎの時代をになうものにとって、大きな教えであることを示す。

制作過程で、先の二文を読んだ、季刊雑誌『フラタニティー』の編集者より依頼を受け、「日本神道の本当の姿 —— 国家神道の虚偽」を同誌第八号（二〇一七年十一月）に寄稿した。これは、本書後半の一部の要約となっている。

世界はいま大きな転換期にある。歴史の現在から、もういちど島崎藤村の『夜明け前』を読み始めよう。

第一章　『夜明け前』を読む

木曽の馬籠

物語は「木曽路はすべて山の中である」との一文ではじまる。青山半蔵は、木曽の馬籠《まごめ》で本陣、問屋、庄屋を家業とする家に生まれ、その家業を継ぐ。半蔵は、本居宣長、平田篤胤を敬い、篤胤の弟子として明治維新に王政復古の夢を託した。

だが明治維新は半蔵が夢見たものではなかった。維新の現実に絶望した半蔵はついに狂い、座敷牢に生涯を終える。

徳川時代は交通手段も身分制度の下にあり、宿場街の宿は階層により異なっていた。本陣は武士のための宿であり、また彼らのために輸送手段を整える役割も果たし、幕藩体制の根幹をなす交通産業そのものであった。本陣、問屋、庄屋を兼ねるということは、徳川幕府の地域支配の根幹をになうことを意味した。

徳川時代に幾年も幾年もくりかえされてきた宿場町の営みが、黒船を契機にして大きく動いていく。嘉永六年（一八五三）六月、黒船など四隻が来航する。江戸では「太平の眠りを覚ます上喜撰、たった四杯で夜も眠れず」と宇治煎茶の銘柄「上喜撰」と「蒸気船」をかけた狂歌が流行する。同年同月、木曽地方は日照り続きで馬籠もまた大変であった。江戸と馬籠の状況を重ねあわせながら、物語ははじまっていく。

馬籠は木曽十一宿のひとつ、美濃路の西側から木曽路に入った最初の宿場である。そこに本陣、問屋、年寄、伝馬役、定歩行役、水役、七里役などからなる百軒ばかりの家々と、六十軒ばかりの民家と寺や神社がそれぞれ家業を継いできた。本陣、問屋、庄屋など支配層の末端にとって徳川の時代はよき時代であった。そんな時代の終わりころ、馬籠に芭蕉の句碑が建った。半蔵の父らが建てたのである。

送られつ送りつ果ては木曽の穐《あき》 はせを

江戸文化最後の輝きであった。

半蔵は、当時の多くの若者の世間の遊びである魚釣り、碁、将棋などにふけるのではなく、その代わりに読書を選ぶ人だった。馬籠では、師を得られないままに『詩経』、『四書』、『易書』、『春秋』などを独学した。やがて馬籠の隣の中津川宿に友を得、そのつてで医者をする宮川寛斎に師事、平田派の国学を学んだ。

近世、信濃地方で物資の輸送のために使用された馬とその輸送行為のことを中馬というが、当時の中津川はその中馬で栄えた宿場町であり、交通の要衝として物流と情報の拠点であった。尾張藩の東端に位置し、経済力とあいまって藩内でも独自な存在であった。

中津川では、幕末の対外的な危機に促され、安政六年以降、急速に平田門人が増加する。国際問題に直面することで、日本国の町人としての自己意識が、平田思想を受け入れる素地となった。中津川は、全国的に見ても平田国学の重要な拠点であった。

中津川商人は、以前から、京都での平田門人の宿泊場所として中心的役割を果たしていた生糸問屋の池村久兵衛と、商売上深い関係にあった。そこへ同じ平田門下としての関係が加わり、池村に集まる情報は素早く中津川に届けられ、ここを経由して江戸の平田家に伝わる。このような有様を藤村はくりかえし述べている。そんな環境のなかで、半蔵は向学心を平田国学にぶつけた。

支配体制の末端をになうということは、村民の生活に直に触れるということでもある。十代の後半、生活に迫られて木曽の御用林に入り伐採したことで、腰縄で取り調べられる山民の姿に触れることもあった。また、駄賃の上刎ねや荷送り状の書き換えなどで牛方を搾り取る悪徳問屋に対して、結束して闘い、ついに勝利した牛方の団結力にも強い衝撃を受ける。こうして封建支配の残酷さとそれを打ち破る力に触れ、半蔵は改革の志と「世直し」の理想を持ち始めていく。

半蔵は江戸へ旅する機会を得る。そのとき、平田国学をともに学ぶ友人に手紙を送る。『夜明け前』第三章の一は次のように始まっている。


「蜂谷君、近いうちに、自分は江戸から相州三浦方面へかけて出発する。妻の兄、妻籠《つまご》本陣の寿平次と同行する。この旅は横須賀在の公郷村に遠い先祖の遺族を訪ねるためであるが、江戸をも見たい。自分は長いことこもり暮らした山の中を出て、初めての旅に上ろうとしている。」

こういう意味の手紙を半蔵は中津川にある親しい学友の蜂谷香蔵あてに書いた。

「君によろこんでもらいたいことがある。自分はこの旅で、かねての平田入門の志を果たそうとしている。最近に自分は佐藤信淵の著書を手に入れて、あのすぐれた農学者が平田大人と同郷の人であることを知り、また、いかに大人の深い感化を受けた人であるかをも知った。本居、平田諸大人の国学ほど世に誤解されているものはない。古代の人に見るようなあの直ぐな心は、もう一度この世に求められないものか。どうかして自分らはあの出発点に帰りたい。そこからもう一度この世を見直したい。」

という意味をも書き添えた。

こうした青年時代を送った半蔵は、三十二歳で父の吉左衛門から跡を継いだ。

王政の復古

江戸では、安政五年（一八五八）の安政の大獄、万延元年（一八六〇）の桜田門外の変と激動が続く。京都からは、皇女和宮《かずのみや》が徳川家茂に降嫁していった。公武合体の切り札としての政略結婚であった。公武合体とは、幕府と朝廷との融和・結合をはかることで倒幕勢力に対抗しようとする幕末の政治運動の一潮流である。

文久元年（一八六一）、輿入れの長い行列は馬籠を通り、木曽路を江戸へ下って行った。和宮は当初、東海道を下ることになっていた。しかし東海道では、この縁組に反対するものによる和宮奪回が起こる危険が高く、木曽路に模様替えとなった。村民たちは和宮の降嫁道中に沸き立った。旅籠としての馬籠の最後の華やぎであった。

幕府は文久二年（一八六二）、参勤交代を廃止、江戸表に留まってきた各藩の家人が国元へ帰る。馬籠もまたそれらの人々が続いた。

参勤交代は、幕府が中央集権制を確立し維持するために、一定期間諸大名を江戸に参勤させた制度であり、家光の時、寛永十二年（一六三五）の武家諸法度の改定によって制度化され、以来連綿と続いてきた。

それは軍の移動であり、大名は配下の武士を大量に引き連れて江戸に出仕し、また領地に引きあげねばならなかった。それが大名行列である。参勤交代のために本陣や宿場が整備され、大名行列が消費する膨大な費用によって繁栄した。大量の大名の随員が地方と江戸を往来したために、彼らを媒介して江戸の文化が全国に広まった。その参勤交代もまた廃止されたのである。

この時期、最も明確な目的意識を持って行動したのが国学の徒である真木和泉であった。真木和泉（文化十年（一八一三）三月七日～元治元年（一八六四）七月二十一日）は筑紫の国の神官の子に生まれ江戸に遊学する。後に筑紫に帰り藩の改革に取り組むが、およそ十年間にわたり蟄居を命じられた。この期間に全国の志士と交流し、またその思想を深めた。その後、紆余曲折を経て、文久三年（一八六三）五月長州へおもむき毛利敬親父子に謁見、攘夷親政、討幕を説き、六月上京し学習院御用掛となった。

真木は、早くから倒幕と皇政復古の主張を明確に掲げ、一貫して行動、倒幕勤王の志士たちを指導した。『夜明け前』は言う。

弘化安政のころから早くも尊王攘夷の運動を起こして一代の風雲児と謳われた彼、あるいは堂上の公卿に建策しあるいは長州人士を説き今度の京都出兵も多くその人の計画に出たと言わるる彼、この尊攘の鼓吹者は自ら引き起こした戦闘の悲壮な空気の中に倒れて行った。彼は最後の二十一日まで踏みとどまろうとしたが、その時は山崎に退いた長州兵も散乱し、久坂、寺島、入江らの有力な同僚も皆戦死したあとで、天王山に走って、そこで自刃した。

実際、文久三年（一八六三）八月十八日、会津藩と薩摩藩が結託して長州藩を追放した政変が起こる。真木和泉も長州に逃れる。この時期の薩摩は公武合体派であり、長州は反幕府であった。そして、翌元治元年（一八六四）年六月、長州藩の出兵上洛にあたり、その委託を受けて真木和泉は諸隊総督となった。七月の禁門の変では久坂玄瑞、来島又兵衛らとともに浪士隊を率い、七月十九日堺町御門を目指して進軍、市街戦となった。このとき京の街には兵の死体がいたる所に転がり、街々は炎上、大混乱に陥った。結局、福井藩兵などに阻まれて敗北、天王山に退却、真木和泉の率いた長州軍は、激戦場から二十日には山崎まで落ちのび、ここで従ってきた数十人を解散する。

長州兵の撤退を見届け、山崎に留まった真木和泉以下十七人は、いずれも長州の人ではなかった。天王山山腹にある宝積寺で一泊、二十一日天王山に登り、会津藩士と新撰組の二百名、見廻組の三百名の討伐軍を確認した。天王山の中腹の京都の見える場所で火を放ち、尊皇攘夷のこころざし半ばで、同志十六人とともに自刃した。五十二歳であった。天王山山中には十七士の墓がある。

なんと多くの人が死んだことか。島崎藤村は真木和泉について哀惜をもって描いている。

同じころ、水戸藩の過激派浪士らは尊王攘夷の旗を掲げ筑波山に挙兵した。元治元年（一八六四）、

天王山山中にある十七士の墓

世にいう水戸天狗党の乱である。天狗党は、幕府軍と戦闘をまじえながら北へのがれ、大子で態勢を立直して、武田耕雲斎を首領にえらび、尊皇攘夷のため幕府軍とやむなく対戦した事情を朝廷に訴えようと、京都へむけ西上を開始した。元治元年十月末のことである。西上軍の総勢は千人余りであった。真冬の下野から上野をへて信濃にいたる。同年十一月二十六日は馬籠に滞在した。本陣には武田耕雲斎らが宿泊し和歌を残している。さらに美濃をへて、深い雪の峠を越して越前に到着した。

この時彼らを待ち受けていたのは、水戸藩出身の徳川慶喜（禁裏守衛総督）が、朝廷の命をうけて西上軍を鎮圧するために出動したという報せだった。窮地に追い込まれた西上軍は金沢藩に降伏、ついで敦賀の鰊蔵に収容された。徳川幕府は西上軍の約三分の一を処刑するという苛酷な処置を行った。敦賀での処刑をまぬがれた約五百人の多くが農民身分であった。このように水戸藩尊攘派の運動には多数の農民が参加していた。

三河や尾張あたりから伝え聞いた「ええじゃないか」の声は、とうとう半蔵のいる街道にも騒然と伝わってきた。

ええじゃないか、ええじゃないか

馬籠の宿場では、毎日のように謡の囃子に調子を合わせて、おもしろおかしく往来を踊り歩く村の人たちの声が起こった。

慶応三年（一八六七）の夏から三河で神符の降下を瑞祥として「ええじゃないか」の熱狂が始まった。この熱狂は三河から東西に広がり、関東、中国、四国地方に達した。特に東海地方では、大地震、津波、大雨が相次いで起き、安政五年にはコレラが流行した。そうした中で民衆は、農村にあった御蔭参りを基盤として、「ええじゃないか」のはやしをもった唄を高唱しながら集団で乱舞した。世の変革の兆しを感じつつ、重くのしかかる不安から世直しに熱狂した。

京都を舞台に煮えたぎるような日々が続く。藤村は半蔵が「思いがけない声」を京都の同門の士から聞いたことを、伝える。

彼はその声を京都にいる同門の人からも、名古屋にある有志からも、飯田方面の心あるものからも聞きつけた。

「王政の古に復することは、建武中興の昔に帰ることであってはならない。神武の創業にまで帰って行くことであらねばならない。」

その声こそ彼が聞こうとして待ち侘びていたものだ。多くの国学者が夢みる古代復帰の夢がこんな風にして実現される日の近づいたばかりでなく、あの本居翁が書き遺したものにも暗示してある武家時代以前にまでこの復古を求める大勢が押し移りつつあるということは、おそらく討幕の急先鋒をもって任ずる長州の志士達ですら意外とするところであろうと彼には思われた。

そして、倒幕にすべてを託した志士たちがよりどころとしたことを、島崎藤村は主人公青山半蔵の青年時代の言葉として、先にあげた蜂谷香蔵への手紙にあるように「古代の人に見るようなあの直ぐな心」と書く。また、晩年の半蔵には、後に引用する中にあるように「古代の人に見るようなあの素直な心」と言わせている。
「あの素直な心」を世にとりもどしたい。そして、その心をよりどころとして、この世を革めてゆきたい。こう考えたものたちが、倒幕に立ちあがったのである。

大きくは公武合体の流れのなかにある人のうちにも、今日に意義深い思想をもった人がいた。『赤松小三郎ともうひとつの明治維新 ―― テロに葬られた立憲主義の夢』が伝える赤松小三郎もその一人である。この書の第二章「赤松小三郎の憲法構想」に紹介されているように、「天幕御合体諸藩一和」のもとに、人民平等の議会制、個人の尊重、専守防衛などの構想を、建白している。

しかし、本書第二章に見るように、明治維新は革命であり「御合体」や「一和」はありえなかった。革命はさまざまの行き過ぎや誤りをともないつつ、封建制を打ち倒し資本主義の世になるまですすんでゆく。その過程で赤松小三郎は暗殺される。

彼の残した思想は、明治新政府にこそ提言すべきことであり、自由民権運動の先駆けとなるものであった。それだけに、近代がゆきづまったいま再び取りあげてゆかねばならない。

さて、慶応三年（一八六七）十月将軍慶喜は政権を朝廷に返上（大政奉還）した。大政奉還は主導権を慶喜側が握ろうとする公武合体派の最後の試みであった。このときの薩摩は西郷隆盛らのもと長州と和解、倒幕の同盟を結んでいた。そして、大政奉還を打ち破るべく、十二月、西郷隆盛は京都に武力を集結、朝廷を動かし王政復古の大号令を敢行する。こうして倒幕へ向けた闘いが開始された。「御一新」である。王政復古は鎌倉幕府以来の諸制度を廃止、武家の世を明確に否定した。

『夜明け前』は言う。

踏みしめる草鞋の先は雪溶けの道に燃えて、歩き回れば歩き回るほど新しいよろこびがわいた。一切の変革はむしろ今後にあろうけれど、ともかくも今一度、神武の創造へ――遠い古代の出発点へ――その建て直しの日がやって来たことを考えたばかりでも、半蔵らの目の前には、なんとなく雄大な気象が浮かんだ。

日ごろ忘れがたい先師の言葉として、篤胤の遺著『静の岩屋』の中に見つけておいたものも、その時半蔵の胸に浮かんで来た。

「一切は神の心であらうでござる。」

ここで『夜明け前』の一部が終わる。

維新の変質

だが、維新の現実は半蔵の夢を裏切っていく。半蔵は平田派国学の門人として王政復古の夢に生きようとするが、村民や宿場の人々を守らなければならず、友人たちのように政治活動に身を投じることができなかった。それだけに御一新を待ち望む気持ちは強かった。

そこに赤報隊の悲劇である。

青山半蔵は新政府軍東征の先駆がくると聞いて胸躍らせる。相楽総三《さがらそうぞう》率いる赤報隊である。過ぐる慶応三年十月、江戸の薩摩藩邸に入った相楽総三は、集めた同志たちとともに江戸市中を攪乱する命を帯びる。これは、西郷隆盛、大久保一蔵、岩倉具視が立案したもので、江戸幕府を挑発し革命戦争に持ち込もうとするものであった。これに誘われた幕府は薩邸を焼き討ち、これが起因となり鳥羽・伏見の戦いが勃発した。慶応四年（一八六八）一月二日大坂から京都へ向かう幕府軍を官軍が鳥羽・伏見に迎え討つ。官軍完勝であった。これによって幕府側は朝敵の烙印を押され、大義名分が倒幕派のものとなった。兵庫に上陸し京に着いた相楽に西郷は手を取って涙を流して感謝したという。

その相良総三らは東山道官軍先鋒赤報隊として江戸へ向け中山道を上る。途中農民の助力をつかむため「年貢半減令」の触れを出しながら進む。が、官軍の財政は厳しく、三井などの特権商人に金を借りることになる。商人は無条件で金を貸すことはなく、年貢米の請負を要求し、勅定にある年貢米半減の撤回を条件にした。岩倉らははじめから相楽らの行動に不満の色をなし半減令撤回を求めていた。布告の撤回は、新政府の信用にかかわる問題であるから、年貢米半減を旗印にすでに進撃している赤報隊を呼び戻そうとした。聞き入れない相楽隊に対し「偽官軍」であるから召し取るべし、との命が信州諸藩に下された。下諏訪に布陣していた相楽隊は隊長以下幹部連が総督府に弁明のため出向くが捕縛され、一八六八年三月三日、斬刑に処せられた。総三はまさに従容として死に就いた。二十九歳だった。

『夜明け前』では後日談として、

一行の行動を偽官軍と非難する回状が巡ったこと、軍用金を献じた地方の有志は皆付近の藩から厳しい詰問を受けることになること、半蔵も木曽福島のお役所に呼び出され、お叱りを受けたことが語られる。ここではじめて彼が二十両もの大金を赤報隊に提供したことが明らかになる。

半蔵が信じていた夜明け、馬籠の人々をはじめとする一般の人々を解放するような夜明けは、来なかった。赤報隊の悲劇は、明治維新が農民や多くの人民の望みを掲げて開始されるが、新しい政権がうち立つや彼らを裏切り、政権が大商業家とそして生まれつつある産業資本家のものに転換していく画期であった。半蔵の夢はこうして最初の挫折を味わう。

木曽地方は維新後設置された筑摩県に属した。県は木曽山林に対する村民の入会権を認めなかった。半蔵は戸長らをまとめ県への嘆願書を作り、山林を村民の生活の場としようと奔走する。しかしこの試みは、山林事件として責任を問われ、戸長免職に追いこまれた。

半蔵は東京に行くことを決意する。そこで一から考え、生き直すつもりだった。四十三歳のときである。つてあって神祇局の後身である教部省に出仕する。だが、そこでも、かつて国の教部活動に尽くしたはずの平田国学の成果はまったく無視され、同僚たちは国学者を冷笑するような始末であった。維新直後の神祇局では、平田鉄胤をはじめとする平田国学者が文教にも神社行政にも貢献し、新政府のために尽力したはずである。だが、それはすでに一掃されてしまっていた。半蔵は自問する。

これでも復古といえるのか!

半蔵は半年勤めた教部省を辞す。縁あって半蔵は飛騨山中の水無《みなし》神社の宮司になる。

古い神社の方へ行って仕えられる日の来たことは、それを考えたばかりでも彼には夢のような気さえした。

明治七年（一八七四）秋、半蔵は和歌一首を扇子にしたため、明治天皇の行幸の列に投げ入れる。その歌。

蟹の穴ふせぎとめずは高堤やがてくゆべき時なからめや　半蔵

それでも一縷の望みをかけようとする苦しいこころを詠んでいる。半蔵はこの扇子を、近づいて来る第一の御馬車の中に投げた。そして急ぎ引きさがって、額を大地につけ、袴のままにそこにひざまずいた。すべてが終わった。半蔵は「贖罪金」を支払い木曽に戻った。

狂あるのみ

木曽への途上に馬籠に帰った半蔵は、隠居を受け入れる決心をする。そして飛騨に入っていく。長く神仏習合の行われてきた飛騨の奥地、廃仏毀釈から間もないころの飛騨である。半蔵は、この地で古道を人々に伝えることが天命だと考えた。藤村は、宮司としての半蔵を、半蔵の生涯の親友で半蔵が馬籠に帰るのを待たずに死んだ伊之助の病床の言葉として語る。

なんでも飛騨の方から出て来た人の話には、今度の水無神社の宮司さまのなさるものは、それは弘大な御説教で、この国の歴史のことや神さまのことを村の者に説いて聞かせるうちに、いつでもしまいには自分で泣いておしまいなさる。社殿の方で祝詞なぞをあげる時にも、泣いてお出なさることがある。村の若い衆なぞはまた、そんな宮司さまの顔を見ると、子供のように噴き出したくなるそうだ。でも、あの半蔵さんのことを敬神の念につよい人だとは皆思うらしいね。

そういう熱心で四年も神主を勤めたと考えて御覧な、とてもからだが続くもんじゃない。もうお帰りなさるがいい、お帰りなさるがいい ── そりゃ平田門人というものはこれまですでに為すべきことを為したのさ、この維新が来るまでにあの人達が心配したり奔走したりしたことだけでも沢山だ、誰が何と言ってもあの骨折が埋められる筈もないからナ

思いは大きくとも、なしえたことはわずかであった。四年の後、再び馬籠に戻った半蔵は、村の子弟の教育にあたろうとする。自分の二人の息子を東京に遊学させる。その下の息子こそ、島崎藤村その人である。藤村は書く。

「復古の道は絶えて、平田一門すでに破滅した。」

それを考えると、深い悲しみが彼の胸にわき上がる。古代の人に見るようなあの素直な心はもう一度この世に求められないものか、どうかして自分らはあの出発点に帰りたい、もう一度この世を見直したいとは、篤胤没後の門人一同が願いであって、そこから国学者らの一切の運動ともなったのであるが、過ぐる年月の間の種々な苦い経験は彼一個の失敗にとどまらないように見えて来た。いかなる維新も幻想を伴うものであるのか、物を極端に持って行くことは維新の付き物であるのか、そのためにかえって維新は成就しがたいのであるか、いずれとも彼には言って見ることはできなかったが、これまで国家のために功労も少なくなかった主要な人物の多くでさえ西南戦争を一期とする長い大争い

の舞台の上で、あるいは傷つき、あるいは病み、あるいは自刃し、あるいは無慙な非命の最期を遂げた。思わず出るため息と共に、彼は身に徹《こた》えるような冷たい山の空気を胸いっぱいに呼吸した。

維新の変質を見届けたうえに、半蔵はもういちどみずからのよりどころを「古代の人に見るようなあの素直な心」ととらえる。このこころをもって世の変革に努めることは、今日に伝えられた歴史の課題となった。このころまた木曽山をめぐる村民と県の争いが起こる。かつての経験をもとに半蔵も協力しようとするが、封建時代の末端にいた半蔵には、新たに争うものがよりどころとする「民有の権」が理解できない。半蔵の酒は深くなるばかりであった。半蔵は酒を制限される。

そうしたある日、半蔵はついに狂う。明治十九年（一八八六）の春の彼岸がすぎたある夜、半蔵はふらふらと寺に行き、火をつけた。半蔵の放火は、国学の徒であろうとしたものとして、明治維新の現実を許すことができないがゆえのことであった。

こうして半蔵は長男に縄で縛られ、息子たちや村人が用意した座敷牢に入れられる。幽閉の日々である。わずかに古歌をしたためるひとときがあったものの、狂気の人となって没する。鉄道の時代がはじまっていた。青山半蔵は廃れゆく街道とともに生涯を閉じた。まだ五十六歳だった。

これが『夜明け前』の骨子である。小説はこの時代の日々を詳細に、また情感深く描いてゆく。

ではなぜ、復古の道は絶えたのか。そもそも明治維新とは何であったのか。そして、明治維新から百五十年のいまを生きるわれわれに、どのような問題を投げかけているのか。ここには、いわゆる近代化を、非西洋ではじめてなしたわれわれの、歴史の大きな課題があるのではないか。

第二章　日本近代の再考

多くの志士たちがよりどころとした思想は国学であった。国学はどのように形成され、変革主体の思想となったか。これを考える前提として、この日本列島の歴史の枠組を確認しなければならない。

列島の歴史

縄文時代

古来、日本列島、琉球列島は多くの人々の行きかうところであった。

一万七千年の昔、日本列島は、現代日本語の基層となる言葉を母語とする文明のもとにあった。縄文土器は、世界でも最古の土器である。日本列島は火山列島であり、溶岩というものが、土は焼けば性質を変えることや、焼き固めうることを教えたに違いない。大きくその文明を縄文文明、その言葉を縄文語と言おう。

この時代、東北地方は温暖であった。青森県三内丸山《さんないまるやま》遺跡はいまから約五千五百年前〜四千年前の縄文時代の集落跡である。八重山諸島や沖縄本島でも六千年前の土器が発掘され、長期間にわたって定住生活が営まれていたことが知られている。この縄文時代の人々の交流は『物流理論が縄文の常識を覆す』に詳しい。インドから東アジア一帯の交流はこのころまことに盛んであった。

三内丸山遺跡の近年の発掘調査で、竪穴住居跡、大型竪穴住居跡、大人の墓、子供の墓、盛土、掘立柱建物跡、大型掘立柱建物跡、貯蔵穴、粘土採掘坑、捨て場、道路跡などが見つかった。膨大な量の縄文土器、石器、土偶、土・石の装身具、木器（掘り棒、袋状編み物、編布、漆器など）、骨角器、他の地域から運ばれたヒスイや黒曜石なども出土している。ヒョウタン、ゴボウ、マメなどの栽培植物が出土し、DNA分析によりクリの栽培が明らかになった。

縄文時代は、多様な人の集まりが各地域に独自の生活を刻み、また交易もなされていた。生活は記憶され、そこに一定の歴史が刻まれてもいた。日本列島や琉球列島に多様な、しかしまたモンゴロイドとしての共通性をもった、さまざまの言語と文化が存在し、多くの交流があった。

そしてこれは、大きくは東アジアの文明の交流のうちにあった。長江文明の遺跡の発見とその調査から、稲（ジャポニカ米）の原産が長江中流域とほぼ確定され、日本の稲作もここが源流と見られる。縄文時代後期には、少なくとも陸稲が栽培されていた。

弥生時代のはじまり

このようなときに、弥生の文明が起こった。弥生時代は紀元前九百年より前に始まる。それは以下の事実によって結論された。九州北部の弥生時代早期から弥生時代前期にかけての土器（夜臼《やうす》Ⅱ式土器・板付《いたつき》Ⅰ式土器）に付着していた炭化物などの年代を、AMS法による炭素14年代測定法によって計測したところ、紀元前約九百～八百年ごろに集中する年代となった。考古学的に同時期と考えられている遺跡の、水田跡に付属する水路に打ち込まれていた木杭二点も、ほぼ同じ年代を示した。

日本語学者・大野晋の言語学的、人類学的研究によれば、この水田による稲作は、鉄器と灌漑の技術をもったタミル人によってもたらされた。紀元前一千五百～一千年、アーリア人がカイバー峠を越えてインド大陸に進出した。インダス文明を築いたタミル人を含むドラビダ語族の人々は、南方デカン高原へおされ、そのうちのあるものは海にのがれ、東南アジア地域に拡散した。あるものは日本列島と朝鮮半島南部にまで至った。

タミル人は鉄器と灌漑と水田耕作の技術をもっていた。稲そのものは縄文時代から栽培されていた。そこに新たにタミル人が新たな稲まで持ちこんだのか、あるいは縄文時代から在来する稲を水田技術で耕作し始めたのか、それは今後の研究課題である。残された資料からは、協働して水田耕作をおこなう技術とそれを支えるさまざまの言葉が持ちこまれていたのではないかと考えられる。

いわば、縄文文明を母とし水田耕作と鉄器を父として、弥生文明は生まれた。現代の日本人女性のミトコンドリアDNAの解析から、起源場所が世界の九箇所で確認されており、九箇所の多くは中央アジア周辺に分布している。そのうちの一ヶ所だけ南インドにある。従って、やってきたタミル人は比較的少数であった。技術とそれに伴う言葉と世界観が、それまでの縄文の世界観と出会い、そして熟成し、在来の稲と人のあいだに広がった。

タミル人が日本列島に入ってきたということは、韓半島南部にも入ったということであり、韓半島南部と九州北部、西日本は同一の文化圏が形成されたのである。

現代日本語の起源に関する大野先生の学説とその論理的帰結は、発見された客観的な事実である。今日に続く日本語は、縄文語のうえに紀元前九百年ごろタミル語が重なり、縄文語に起源をもつ言葉とタミル語に起源をもつ言葉が熟成して形成されてきたものである。

私は、大野先生が明らかにされたこの立場に立つ。

歴史時代へ

それが一定の熟成を経た紀元前数百年のころ、揚子江の下流に広がる中国大陸南方からの新たな支配者が日本列島、とりわけ九州や出雲に幾重にもやってきた。そして倭国といわれるような小国家群を形成した。その後、秦と漢の統一国家の時代、東アジアのそれぞれの地域は比較的安定し、それぞれの地で文明と言葉が熟成していった。日本列島においても混成語としての日本語が熟成した。

長い時間が流れ、さらに一～六世紀、後漢の終わりころから再び動乱期となった大陸から、天皇家の祖先がやってきたのである。弥生時代末期から古墳時代の日本列島は戦乱の時代であった。この時代、東アジア全体が大動乱であった。中国大陸、朝鮮半島、日本列島はこの大動乱の渦中にあった。そのなかで日本列島を武力統一し、列島中央部を支配したのが今日の天皇家の祖先である。中国大陸や朝鮮半島から亡命するようにやってきたものもあった。

南方と北方の二つの系統の支配がいきかい、交替し、唐の時代になって、日本列島もまた北方系の支配が確立した。それが、奈良盆地に成立した王権である。黄河文明に起源をもつ遊牧系の民族が日本列島の支配権を確立することで成立した。

その過程で、天皇家の祖先にまつろわなかったもの、それがまつろわぬ民である。この王権は統一の過程で、まつろわぬ民に対し、同化か滅亡かの非情な態度を一貫させた。今日、台湾島では政権が公認する少数民族だけでも十四存在している。それに対し、日本政府が国際人権規約に基づく国際連合への報告書に同規約第二七条に該当する少数民族として記載しているのはアイヌ民族のみである。彼らの同化政策は厳しかった。

こうして成立した王権は、その支配権が確立した頃、日本列島に内発した王権であるとの虚構のもとに、古代日本の各地の王権の歴史を簒奪し『日本書紀』を書き出した。そしてそれと矛盾する多くの文書を焚書にした。万世一系の天皇家という虚構もまた、この過程で生みだされた。

そして、彼らは農業協働体がその維持発展のためにおこなってきたさまざまの習俗を取り込み、あたかも天皇家がそれを代表するかのように振舞うことで支配の権威を打ち立てた。その典型は「すめらみこともち」として天皇を位置づけることであった。固有の言葉で語られることを神から受け取るものとしての天皇、である。

そして大嘗祭である。大嘗祭のもととなる祭そのものは、収穫の感謝の祭としてそれぞれの協働体でおこなわれてきた。当時の基幹の産業は農業である。天皇家は、農業の発展を願う人民の心を取り込むため、農業協働体のなかでおこなわれてきた習俗としての祭りを新嘗祭、大嘗祭として取り込んだ。こうして天皇家の正統性と権威づけを演じ出してきた。

天皇は神の言葉である「御言《みこと》」を聴くものであり、列島の習俗が天皇に源をもち、天皇が日本文化を体現するというこれらのことは、虚構である。

この虚構とそれを時の支配者が統治のてこに用いる体制、これが今日に続く天皇制である。それは、国家が統一された時代、つまり天武天皇と続く天平時代に完成する。『日本書紀』編纂の過程がこの支配のあり方が仕上がっていく過程でもあった。そして、天皇家を中心とする貴族社会が支配権を失って以降も、その時々の支配者は、この虚構を、深くかつ本質的に活用してきたのである。

懐古でなく復古を

『夜明け前』に描かれている志士たちの思想的なよりどころであった国学、それは本居宣長と平田篤胤によって生み出された思想であり、古を懐かしむのではなく、いまに復そうとするものであった。

本居宣長

中国には倭人を「呉の太伯の子孫」とする説があり、それが日本にも伝えられて、江戸時代には一定の儒学者に支持されていた。これに対極するのが、万世一系の天皇の子孫であるとする水戸学の説であり、江戸期にはその枠の中でのせめぎあいが大きかった。

本居宣長《もとおりのりなが》（享保十五年〜享和一年、一七三〇〜一八〇一）は、国学をこのような背景のもとにうち立てていった。

宣長が基礎としたのが、『古事記』と『日本書紀』である。ユーラシア大陸や太平洋諸島に一定の広がりをもつ創世神話と、これに王権の究極の根拠は天上の神であるとする物語をあわせたものであり、そうすることでこの世の起源から天皇中心の王朝成立、およびその正統性の根拠を体系的に述べたものである。

この二つの書は、歴史書ではない。神話にもとづく大和朝廷の正統性の確認と、天皇は万世一系であることを宣言した、物語の書であった。

『続日本紀』の養老五年（七二一）五月条に「日本紀を修す」とあるように『日本書紀』が養老年間に成立したことは確かである。それに対して『古事記』はほんとうに和銅年間に成立したのか平安初期に成立したのかなど議論がある。実際、『古事記』は長く公の場には現れなかった。『古事記』を発見し、一君万民の皇国王義思想の原型をつくりあげた人こそ江戸時代中期の国学者、本居宣長であった。

現在の『古事記』という文書は、彼の『古事記伝』中にはじめて出現した。宣長は『古事記』のなかに、原日本語と言うべきものを発見した。『古事記伝』は営々三十五年の営みである。

神道は中世以来、仏教と習合し、仏が神の形をとって日本列島に現れたとする本地垂迹説が一般的になっていた。本居宣長はこの仏教と神道の習合から、神そのものをあらためて取り出した。そして、宣長は『古事記』を再発見し、そこに描かれた「神と日本」こそ固有の「日本」であるとしたのである。

本居宣長は『古事記伝』一の巻において神を、

尋常《よのつね》ならずすぐれたる徳《こと》のありて、可畏《かしこ》き物を迦微《かみ》とはいふなり

と定義している。

「すぐれたること」のある「かしこきもの」を「かみ」というのである。この「もの」は、西洋語とはまったく違う。英語の「thing」や「matter」は神が創造したものであって、それ自体が神ということはない。

また、この宣長の定義では、「すぐれたることのあるもの」として、天皇もまた神たり得る。実際、宣長は「天皇は神である」からさらに「神は天皇である」に至った。

ここにはいくつもの考えるべき課題がある。第三章で、宣長が「すぐれたること」のある「かしこきもの」という、この「こと」と「もの」をさらに詳しく掘り下げて考え、宣長の定義を解きほぐすが、宣長

がこのように言葉を定義しつつ歩んでいったことは、まことに意義深い。

そして、近代の国家は「国民」を定義することを求める。「日本人」を定義すること、これが本居宣長の仕事である。そして宣長は

敷島の大和心を人問はば　朝日ににほふ山ざくら花

と言う。この「大和心」を心とするものが「日本人」であり、日本人のクニが「日本」であると定義したのである。

十六世紀後半から十七世紀初頭にかけて全国を統一した織田信長、豊臣秀吉につづく徳川家康による江戸幕府は、天皇を擁してみずからの権力と政治支配を確立した。幕府は朝廷に小大名なみの御料（領地）と公家領をあたえ、幕府の援助で祭司的行事と、天皇制は残した。しかし幕府は天皇が政治上の実権をもつことは許さず、朝廷を厳しい統制下に置いた。天皇は名目的な作暦、改元、叙位任官の祭司的役割を保持していたに過ぎなかった。権力は封建領主としての武士、武家がにぎっていた。仏教寺院は宗門改めや宗門人別帳などによって百姓、人民の管理を行い、封建支配体制を補完していた。神社もまた寺の管理のもとにあった。

本居宣長の時代はすでに生産力はいっそう高まり、商品経済、貨幣経済がすべての生活を支配するようになっていた。つまりは町人、商人が経済上の実権をにぎってきたということである。しかし政治上の実権は封建領主・武士階級（当時は徳川幕府）がにぎっており、その幕府の政治思想は中国からきた儒教であ

り、そのなかでも、一国の政治支配の安定は階級制と位階勲等にもとづく秩序の維持にあるとする政治学を含む朱子学が支配していた。ここに経済上の実権者と政治上の実権者との矛盾が激化しつつあった。

このような新しい時代、歴史の要求にこたえて出てきた新しい思想こそ、一君万民の古代へ立ち返れ、という皇国主義思想であった。一七〇〇年代に本居宣長が説いたのは、日本国は神の国であり、神は天皇である。ゆえに神たる天皇こそ唯一の統治者であり、その神の前では万民は平等であるということであった。これはまさに徳川封建制度に対する批判であり、反逆であった。一君万民思想は封建身分制度を内部から爆砕する。

本居宣長自身は江戸徳川の体制がまだ揺らいでいない時代に活動し、『玉勝間』では政治的配慮をこめて、

道をおこなふことは君とある人のつとめ也、物まなぶ者のわざにはあらず、もの学ぶ者は道を考へ尋ぬるぞつとめなりける

と、みずからの任務を真理の探究に限定し、『百鉾百首』では

やすくにのやすらけき世に生れ遇ひて安けくてあれば物思ひもなし

とする非政治的な人生観を公にしていた。『夜明け前』は国学を次のように言う。

あの賀茂真淵あたりまでは、まだそれでもおもに万葉を探ることであった。その遺志をついだ本居宣長

が終生の事業として古事記を探るようになって、はじめて古代の全き貌を明るみへ持ち出すことが出来た。そこから、一つの精神が生れた。この精神は多くの夢想の人の胸に宿った。後の平田篤胤、及び平田派諸門人が次第に実行を思う心は先ずそこに胚胎した。何と言っても「言葉」から歴史に入ったことは彼等の強味で、そこから彼等は懐古でなしに、復古ということをつかんで来た。彼等は健全な国民性を遠い古代に発見することによって、その可能を信じた。それには先ずこの世の虚偽を排することから始めようとしたのも本居宣長であった。情をも撓めず慾をも厭わない生の肯定はこの先達が後から歩いて来るものに遺して置いて行った宿題である。

島崎藤村が言うように、宣長は言葉から入って、神たる天皇の前では万民は平等という思想をうち立てた。この思想はそれ自体封建体制と両立し得ないものであり、江戸幕府を倒す方向へ人々をまとめていく力をもった。

平田篤胤

平田国学こそ青山半蔵が生涯の思想としたものである。

平田篤胤《ひらたあつたね》（安永五年～天保十四年、一七七六～一八四三）は、出羽国秋田佐竹藩の藩士の子として生まれた。幼少期に、浅見絅斎の流れを汲む中山青我に漢籍を学んだ。二十歳のとき江戸に出て苦学し、二十五歳のとき備中松山藩士平田篤穏の養子となって藩主板倉家に仕える。本居宣長の『古事記伝』のことを妻に教えられ、ここに求めていたものがあると、古学に打ち込む。宣長に入門せんとするも宣長没により果たせず。三十三歳のとき神祇伯白川家より神道教授、吉田家より学師の職を受ける。つまり、神道界はすべて平田篤胤の思想のもとに入った。没年にいたるまで、該博の学殖をもって著述に従った。篤胤はみずからの学問を古道学（古学）ないしは皇国学と称した。古道とは何か。『古道大意』上において次のように定義している。

古へ儒仏の道いまだ御国へ渡り来らざる以前の純粋なる古への意と古の言とを以て、天地の初めよりの事実をすなほに説き考へ、その事実の上に真の道の具わってある事を明らむる学問である故に、古道学と申すでござる。

宣長は、内にさまざまの思いを秘めてはいても、『古事記伝』はあくまで「事実としての古代」を明らかにするという態度で一貫していた。

それに対して平田篤胤は行動の人であった。その思想は、実践的意思的性格を強くもち、早くより大衆への講説を主要なる活動とした。また、一貫して儒教、仏教、神道諸派などとはげしく闘った。篤胤の時代、北方ロシアが幾たびとなく近海に現れ開国を迫った。また篤胤は、キリスト教や西洋文物にも深い関心と理解をもち、迫り来る対外的な危機を見通していた。

平田篤胤の膨大な諸作の中で思想的な中心は『霊の真柱』である。この著作の目的を

大倭心を太く高く固めまく欲するには、その霊の行方の安定をしることなも先なりける

とのべている。つまり西洋帝国主義の圧力をひしひしと感じつつ、この対外的危機に対する「国民」の思

想主体の形成を目的としたのである。

そしてキリスト教的創世神話や旧約聖書を念頭に置きつつ、天御中主神を創造主とする一貫した神道神学を、記紀神話を再構成する『古史成文』『古史伝』の営為をもとに、造りあげようとする。

さらに平田篤胤は、天皇のもとにおける人民の平等を「御国の御民」としてのべていく。一君万民思想の展開であった。篤胤自身は幕藩体制それ自体を否定したのではない。ただ、古の人に託して人の生き方を提示した。

しかし、それは、江戸幕府を支えてきた儒教的、朱子学的世界観を一掃するものであるだけではなく、一君のもとにおける万民の平等という思想は、必然的にそれを抑圧する幕藩体制への批判を内包した。平田国学は一つの大きな政治的社会的力となった。篤胤は全国に四千人を越える弟子（死後の弟子を含め）をもち、その膨大なつながりは、幕藩体制にかわる世を求める運動の基盤となった。

国学の両面

このように、国学は一君万民の思想によって封建的な身分制を爆砕する大きな力となった。思想が人を動かし、政治体制を変革し世を新たにした。この江戸時代の経験は、資本主義が終焉をむかえた今日において、まことに貴重である。

同時に、「神は天皇である」との主張は、明治維新の後に成立した国家神道を思想的に準備するものでもあった。

近代を生み出す力をもつとともに、近代の闇をも準備した。国学のこの両面を厳格にとらえなければならない。

維新とは何か

維新の主力

国学の徒を指導者群としてなされた明治維新は、現実の歴史運動としては、いったいどのような変革であったのか。

革命の主力となって働いたのは封建制に反対する農民であり、貧農大衆である。江戸時代末期の百姓一揆や打ち壊しは実に激烈なものであった。

幕末期には、労働集約的な工場制手工業が発展し、農民層の内部に小作農から没落した無産の労働者層を生み出し新たな対立が生まれていた。特に安政年間の開港以後、良質な銀貨の流出、絹糸などの産物の輸出などが引き起こした急激な物価変動は、農地をもたない農民層をいっそう窮乏させた。

彼らを主体とする経済的平等を求める世直しの闘争が、幕末一揆の中心となった。さらに慶応期にいたって、幕府と長州の戦争、全国的な内乱状況は世直しを激化させた。慶応二年（一八六六）の江戸や大坂の打毀しは、百姓一揆と同時的に起き、速やかに伝播、動乱というべき段階に達していた。維新を成し遂げる主力はここにあった。

同年の武州一揆、奥州信達一揆、幕長交戦地の一揆などとあわせて、幕長戦争に苦戦する幕府権力に大きな打撃を与え、「ええじゃないか」の民衆運動とともに、江戸幕府滅亡の原動力となった。

そしてこの世直しの運動を倒幕の政治運動として指揮したのは、勃興した都市商人階層とその利益を担った下層武士団であった。都市の大商人たちが革命軍の財政を一手に引き受けていた。

都市大商人は徳川封建制を打倒するために勤労人民と農民を味方につけ、その旗には、はっきりと民主主義的自由の文字をかきしるした。明治維新の先鋒となった赤報隊は「年貢半減」の標語をもって行進し、貧農大衆の熱烈な歓迎を受けた。こうして倒幕は現実になった。

封建制の内部に成熟した商品経済と貨幣経済、そして資本主義はもはや古い封建制を打破しなければ発展し得なかった。土地から切り離された「自由」な労働者を求めていた。彼ら都市の資本家たちは、封建制度のもとで苦しめられていた、農民、下級武士、天皇のまわりの下級公卿と貴族、これらと連合し、この力で薩摩藩と長州藩などを連合させ、「倒幕・王政復古」を実現した。

王政復古の大号令が発せられた慶応三年（一八六七）十二月九日、十六歳の天皇の前で開かれた封建体制下の最後の会議は、すべて薩摩と長州の手によって準備されたものであり、しかもこの日には朝廷のまわりは倒幕軍の総司令官である西郷隆盛が指揮する大軍によってとりかこまれていた。西郷が発したあの有名な一言「短刀一本あればすべて済むことだ」というこの力が天皇の号令をひき出したのであった。

まさに、天皇の命令はすべて倒幕軍の力が出させたのであった。当時、幕府軍と倒幕軍の双方のあいだでは「玉《ぎょく》（天皇のこと）をどちらがとるかが勝負だ」といわれていたのをみても、天皇をかついですべては革命軍がやったことであった。

維新の本質

だが、徳川封建制の崩壊が明確になり、討幕派の権力が樹立されるやいなや、民主主義的自由の旗は投げ捨てられ、都市商人による独裁が実現された。赤報隊は「偽官軍」とされ、隊長相良総三は理由も告げられぬままに斬殺された。この背後には「相良を斬れ。そうしなければ金は出さない」という大商人たちの意向があった。

資本主義革命とは、封建社会から近代資本主義社会への転換を実現するべく、新興の商業資本家とその利益をになう政治勢力が中心になって、封建支配のもとで苦しんだ広範な社会層を決起させ、封建社会の支配権力を打倒し、資本主義社会に道を開く政治権力を打ち立てることである。その典型が一七九八年のフランス革命であった。

明治維新は日本における資本主義革命そのものであつた。


これに対して「明治維新はフランス革命のようなブルジョア革命とはいえず、明治維新によって成立した政権は絶対主義政権である」という説が日本の歴史学界では有力である。

この観点は、コミンテルンの「三二テーゼ」と、それに依拠した日本共産党およびいわゆる講座派のマルクス主義史学の立場から発している。こうした傾向を決定づけたのが、山田盛太郎『日本資本主義分析』（一九三四）であった。絶対主義天皇制は半封建制のうえに立っていて、半封建制は絶対主義の必要条件であるから、半封建制の解体とともに絶対主義天皇制も崩壊する、とするものである。

それはやがて日本戦後の近現代史学の有力な潮流となる。藤田省三も『天皇制国家の支配原理』（一九六六）で「明治維新の劃期的意義が絶対主義と民族主権国家を形成したてんにあることは、周知に属している。」と第一章を始めている。

これは歴史現象の複雑さに惑わされて本質を見失った、木を見て森を見ない論である。フランス革命を美化するあまり、民主主義が実現しなかったがゆえに、明治維新はフランスのような革命とは言えないとするのである。

フランス革命とて、一七八九年の革命以降、激烈な内部闘争を経てナポレオンがクーデターによって権力を確立、共和国八年の憲法で革命の幕を閉じる。待っていたのはナポレオンの軍事独裁である。人民の蜂起によって絶対主義王制の独裁者を倒した革命は、こうして新たな独裁者を作り出している。

一方、いわゆる労農派は、明治維新を不徹底なブルジョワ革命であり、天皇制はブルジョワ君主制であるとしていた。「不徹底」とするところに彼らの理論的な不徹底があった。ここに見たように、明治維新は完全な資本主義革命であり、完全であるがゆえにこそ、日本という地の固有性を徹底的に活用したのである。このことがつかめていないことにおいて、日本共産党も労農派も、ともに近代主義的左翼の枠を出ることができていない。

明治維新の時代、西洋資本主義はすでに独占と帝国主義的な段階に到達していた。日本の資本家階級は大急ぎで日本資本主義の発展、強化、拡大をはからねばならなかった。産業政策から文教政策まで上から国家権力を最大限に動員して進めなければならなかった。富国強兵、文明開化、資本主義育成、学制発布、地租改正、秩禄処分を強行し、農民一揆、士族反乱、自由民権運動を弾圧した。

それはまさに資本主義としての政治であって、明治政府が「絶対主義政権である」というのはまったくの誤謬である。フランス王政のような絶対主義権力を天皇はもっていない。

明治政府は、維新以降も過酷な搾取と収奪に対する農民一揆が多発するなか、明治四年（一八七一）に「えた」「非人」の名称を廃止し、身分と職業を平民同然とするとの布告である「身分解放令」を発する。同時に「新平民」等の官製差別用語まで作り差別をあおり、労働者や農民の怒りをそらす人民支配の道具として部落差別を再編した。

明治維新後、日本国は玉たる天皇を帝国主義の旗印として前進し、いっきょに資本主義へ移行、日清戦争と日露戦争を経て帝国主義へと転化していった。明治維新にはじまる近代日本は、事実として、日本資本主義、日本財閥、独占資本の巨大な権力の支配する時代であった。

近代資本主義の世への革命、これが明治維新の本質である。

維新変質の理由

明治維新は半蔵の夢を裏切った。明治政府は国学の徒の夢を裏切って成立した。政治的には、赤報隊の悲劇が象徴している。貧農大衆の力を背景に徳川封建制を倒したあと、ただちに民主主義的自由の旗は投げ捨てられ、都市商人による独裁が実現された。国学の徒や維新に命をささげた志士たちが夢見た「古代の人に見るようなあの素直な心」は実現しなかった。

維新が変質したその一般的理由は、資本主義そのものに内在している。資本主義はその本性として、偽りの普遍をおしつけ固有の文化を奪い、世界を平坦化するからである。資本主義にとって「あの素直な心」は金儲けに不要なのである。

そして歴史の出来事はつねに一般的な理由と、固有の理由をもつ。固有の理由は何であるのか。

幕末、時代の変革を求める人々は「古代の人に見るようなあの素直な心」を世に取り戻そうとした。江戸時代にあっては天皇家もまた徳川支配のもとにおかれ、権威は失墜していた。このゆえに、反徳川の感情は天皇の権威を回復しようとする実践と結びついた。これは理由のあることであった。

しかし、「古代の人に見るようなあの素直な心はもう一度この世に求められないものか」という半蔵らの夢は実現しなかった。一君万民の国学思想は新しい世を作り出すことができなかった。

国学の徒の基本思想であった、天皇が「古代の人に見るようなあの素直な心」を体現するというのは、歴史的につくられた虚構であり、王政復古によってその「心」が回復することはあり得なかった。半蔵の夢がかなわなかった固有の理由はここにある。

それどころか逆に、反封建の運動は天皇という回路を経由して新しい支配体制のなかに取り込まれていった。そこに成立したのがいわゆる国家神道である。

二つの敗北

国家神道と敗戦

日本が国家として統一された天平の頃から今日まで、神社は国家の支配を受けてきた。延喜式神名帳は、当時官社に指定されていた全国の神社一覧であるが、このような官社と、官社でない地域の神社が、江戸時代までは併存してきた。

明治維新は、幕府体制の末端をになっていた寺を明治元年の神仏分離令で廃仏毀釈のもとに国家から切り離した。また、明治五年には修験宗禁止令が出され、神仏習合の修験道も禁止された。

そして今度は神社が国家に組みこまれ、国家神道となる。第三章で述べるが、日本神道本来の神は「場をむすぶ神」である。国家神道はそれを「国家をむすぶ天皇」に置きかえることで成立した。むすぶものは神であらねばならず、そのゆえに「天皇は神である」という虚構を重ねた。これはまさに虚構であり、日本神道本来の教えに根底から背くものである。

明治以降の政府は、江戸期には幕府によって抑えられていた天皇を神に祭りあげて、近代資本主義への国民統合に活用し尽くした。神道もまた国家神道として再編成され、日本の帝国主義化のために最大限に活用された。国家の根拠は天皇にあり、人民は天皇の命のもと国家にすべてを捧げることが至高の人生であるとする物語を作りだし、これによって人民を戦争にかりたてたのである。

神道家もまた多くはこの明治国家の神道利用に手を貸した。明治政府は、一君のもとに万民の平等という形式をとりながら、実際は新興の資本家の政府であり、格差と差別の社会であった。

『赤松小三郎ともうひとつの明治維新 ―― テロに葬られた立憲主義の夢』のなかの「長州生まれの新興宗教＝国家神道」において

ゆるやかな多神教としての日本古来の神道を「天皇教」とでも言うべき一神教的教義に変え、日本を神聖な国家と規定し、国民を威圧し、動員し、戦死に追いやる装置に変えてしまったのが、「国家」神道であった。

と書かれているが、その通りである。われわれは第三章で、この「日本古来の神道」を現代日本語の基層のうちに探究し読みとることを試みる。それによって、この神道が、現代日本の世を変革しようとするものにその道を示すものとしてよみがえることを、第四章で確かめてゆきたい。

さてこうして、明治政府は神社の国家統制を強め、明治三十九年（一九〇六）には神社合祀令により地域の神社を国家のもとに整理しようとした。南方熊楠らの民俗学者がこれに反対し、それぞれの地方でも反対の運動がなされた。その結果、大正九年（一九二〇）、貴族院は合祀令の廃止を議決する。それまでの十数年間、全国二十万社の中の七万社が破壊され、多くの鎮守の森が失われた。南方熊楠の『神社合祀に関する意見』を読むと、ここで失われたものはほんとうに大きい。

仏教についてもまた、全国の寺院で仏像や経巻の破壊が行われ、多くの寺院が廃寺された。奈良興福寺も一時期廃寺同然であった。富山藩では千六百以上あった寺院が六ヵ所になり、廃仏毀釈が徹底された薩摩藩では、寺院千六百十六寺が廃され、還俗した僧侶は二千九百六十六人にのぼったという。

これは天皇家にもおよぶ。江戸時代までの宮中行事は即位式をふくめすべて仏教によっていた。それが国家神道に置きかえられるのである。天皇と国家神道の結びつきは、明治期にはじまるのである。

このように明治国家が神社や仏寺に対して行ったことは取りかえしがつかないことであり、近代日本は一つの文明を根こぎにしたと言わねばならない。

こうして明治政府は国家神道を支配体系の根幹に据えた。国家神道は、国家を第一にして人を第二とする。それは現実には、国家の戦争に人々を動員するための役割をはたした。

そしてついにあの十五年戦争に至る。この戦争は日本の歴史において未曾有のことであった。南太平洋から東南アジア、東北アジア、中国大陸と朝鮮半島、いわば日本列島に住むものの祖先の地のすべてに兵を進めた。そして敗北した。

国家神道とは、日本神道の真逆のものであった。

戦後体制と核惨事

戦後体制は、天皇を「象徴」と位置づけてきた。これは「国家をむすぶ天皇」をさらに「国民をむすぶ天皇」に置きかえたものに他ならない。日本国民成立の根拠は天皇にあるとする考え方が根底にある。天皇は、神の言葉を聴き、その言葉にしたがって、国民の成立のためにはたらく、ということである。

しかし、後に示すように、ある血脈のものがそのゆえに「国民をむすぶ」はたらきをするという考えは神道のものではない。さらにまた「むすぶ」ことは神のはたらきであり、「人間天皇」がそれをすることのあいだにも深い矛盾が存在している。

一九四七年、民俗学者の折口信夫は神社本庁創立一周年記念の講演「民族教から人類教へ」のなかで、古代から天皇は人であったということを語っている。現人神の否定である。折口信夫は戦前戦後を通じて天皇が神であるという考え方はとらなかった。それは民俗学の良心である。しかし、神社本庁当局は「この折口学説は、一参考に過ぎず、神社本庁がこの説を公認するものではない」と釈明し、国家神道復活の方向に進んだ。

戦後政治は国家神道を根底から見直すことがないままにはじまった。それに対応して、戦争責任もまた内部から問われることなく、明治維新ののちに成立した官僚制などの基礎組織はそのまま残り、今日に続いている。

この象徴天皇制によって、まず戦後革命を抑え込み、そして、あれだけ「鬼畜米英を撃て」と国民を動員して数百万におよぶ犠牲を出しながら、その後は一転、対米隷属の政治となる。国家の基本法である憲法に対し、その上に安保条約がある体制が戦後一貫して続いてきた。立憲主義が実際におこなわれたことはいちどもない。

そして、ついに福島原発の核惨事にいたるのである。これは、非西洋にあって最初に近代化をとげた日本の、その近代の一つの帰結であった。

二〇一一年三月十一日、日本の東北地方を巨大地震が襲った。それに続いて東京電力福島第一発電所が崩壊した。首都圏の電気をまかなうために、白河の関の向こう、福島の地にこの発電所はつくられていた。それが崩れた。それは、核惨事としか言いようのない事態をひきおこした。核力発電所の事故はこれまでにもいくつか起こっていた。しかし、もたらす災害の規模において、この核惨事は人類史上最も悲惨なものとなった。

核力技術は、第二次世界大戦をはさむ時期に、西洋で開発された。日本においても研究され始めたが、基礎研究の段階で打ち切られ、そのまま敗戦となった。戦後の歴代政府は、アメリカの核戦略に従い、そのもとで、核兵器の製造能力を担保するために、核力による発電所を全国に展開してきた。そしてその運営を各電力会社におこなわせた。

地震列島に核力発電所を作ることの危険性は従来からも指摘されてきた。にもかかわらず、東京電力は経済を優先し、万一の場合のためのできうる対策さえしていなかった。福島第一発電所の事故はそのうえで起こったことであり、自然災害を引き金にしたとはいえ、それはまさに人災であり、予測されたことに対する対策さえ怠ったという意味において、犯罪である。

しかし、さらにそれが惨事であるのは、日本政府や東京電力が核汚染の現実を公にすることなく隠し、本来なら放射線管理区域として厳格な管理のもとにおかれねばならない汚染地域に、人をそのまま住わせていることである。また、避難のために移住する権利さえも保障されていない。このような情報隠し、情報操作によって、避けうる被曝が逆に拡大する。これがまさに今広がっている。この意味でこれは三重の人災、二重の犯罪である。

東京電力福島第一発電所の引きおこした核惨事は、かつての十五年戦争の敗北につぐ近代日本の第二の敗北である。

二つの敗北は、明治維新に始まる日本近代の帰結であり、ここに帰趨する道程には、近代日本に内在する基本的な問題が通底している。

第三章　神を再定義する

言葉を用意する

国学を考えるうえで最も肝心な言葉は「神」である。本居宣長は「すぐれたること」のある「かしこきもの」を「かみ」と定義した。「もの」とは何か。「こと」とは何か。ここでは、それをふくめて、神を定義するために必要な、基本的ないくつかの言葉をもういちど見直し再定義しなければならない。

日本語の基本的な言葉を「構造の言葉」、あるいは「構造語」という。私は構造という考え方を数学から学び、これを日本語を考える一つの手掛かりとしてきた。数学という学問の対象は集合とその構造である。日本語もまた、その総体において構造をもつ。その構造は何によって定まるのか。ここを考え始める出発点とした。

そして、すべての命題はすでに定義され証明されたことによるのでなければならないという、数学体系の方法も学んだ。数学の場合は、最初に一定の公理系を確立し、それをもとに定められた推論規則によって論証を進める。そのために「神」をとらえ直すためには、その前提として、そこで用いる言葉を再定義しなければならないと考えた。その問題意識が、本章の土台にある。

そこで、日本語の構造を定める言葉という問題意識をもって、現代の日本語を考える。まず、文字の使い方を一つ決めておく。「コト」を『こと』という言葉」の意味で用いる。カタカナを、明らかに他言語の固有名の翻訳とわかるとき以外に、「その音が示す言葉」を指示するもとする。ただし、二語以上のことばや、漢字語、そして文章は、かぎ括弧を用いる。

また「言葉」とは「ことのは」であり、ことの現れである。よって「言葉」は具体的な単語や文章を指すだけでなく、「彼の話す言葉は日本語である」のように、その人の語る言葉それ自体の意味でも用いる。

言葉を定義するというのは、人生の経験として学んだ言葉の意味や意義を、辞書を通して古人の用法と照らしあわせたうえで、もういちど自分の言葉で書き直すことである。これを、言葉を拓き耕すことと言おう。一つ一つの言葉を味わい、相互にその意味を書き定めてゆく。そして、どんなことも、みずから納得できるまでその根拠を問う。これが、言葉を拓き耕す営みである。

まず「構造」の意味を定めなければならない。

「構」とはかまえであり、「造」とはつくりである。すなわち、そのものの現れた形と、そのものの内がどのようになっているのかを表す。もののことを二つの側面からつかんだそのことが、「構造」の意味である。

日本語の構造というとき、まず日本語としてとらえた言葉の全体がある。そして言葉の構造とは、その言葉のかまえとつくりとして、考えられる。

日本語は「てにをは」に集約されるいわゆる「辞」と、ものに対応してそれを分節する言葉としての「詞」からできている。「辞」も「詞」も「ことば」と訓じる。

日本語の仕組みは、「辞」といくつかの基本的な「詞」によって定まる。それらは日本語の構造を規定する言葉である。それで、それらの言葉を「構造の言葉」と言う。同時に構造の言葉は、世界をどのような枠組でつかむかを定める。世界を分節して切り取るうえで基本となる言葉である。

ひとつひとつの言葉は、言葉の構造の中に位置をもち、その諸関係ではじめて意味が定まる。言葉の意味は、その構造上の位置を基本にして、さらにその言葉にこめられた人の経験によって深められる。こうして言葉は豊かになってゆく。

構造の言葉が言葉の土台である。この土台に長い歴史のなかで積みあげられてきた人の智慧が蓄えられている。人は、日常の言葉を抽象し洗練し結晶させて新たな言葉を生み出し思想を組み立てる。そうでなければ、つまり構造語からくみ上げられた思想でなければ、言葉の力はない。

構造と無縁に翻訳のためにつくられたり、外国語をそのまま音で写した単語や言い回しはその位置を構造の中にもつことはできない。つまりはその意味を定めることができない。すべての新たな単語や言い回しは、構造によって規定されている基本的な言葉から定義され、新たな位置を持ち意味が定められなければ、明確な言葉とはなりえない。

近代日本語は言葉を内部から定めなかった。翻訳のために漢字語を作り出し、最終的な意味の定義は外国語に求めて終わりにし、それも面倒になればカタカナや横文字を中にはめ込んで済ますことで、固有の言葉を育てなかった。

漢字には、長い漢字文明の歴史がある。日本語は、縄文の時代も弥生の時代も、ながく文字をもたず、漢字文明とは離れて熟成してきた。だからまた、日本語にとっては音読みした漢字語もまた内在のものではない。そのままでは異物である。

同じ異物なら音訳の洋語のほうが簡明だし見栄えがする、それがいまの流れである。学術から思想、政治、そして日常の言葉まで、この風潮が一般的になっている。

日本語の「構造の言葉」はいわゆる「やまとことば」と重なる部分がある。「やまとことば」と言われる言葉を含む。ではなぜ「やまとことば」と言わないのか。理由は二つある。

第一、「やまとことば」という言葉には、「日本の古来の言葉」「本来の日本語」という考え方がある。しかしそのような言葉の存在は仮説でしかない。「本来の日本語」があるわけではない。現在の日本語総体のなかでの相互関係においてより基本的かどうかということのみがある。「やまとことば」という考え方からは自由に、世界の構造を切りとる言葉であり、日本語の構造を定める言葉という意味で「構造を定める言葉」いう考え方をする。従来やまとことばとしてとらえられてきた語群を含む基本語を、構造の言葉としてとらえ直し再定義する。

第二、構造の言葉は生きたものである。日本語を固有の言葉とするものが現代日本語と向きあい吟味し日本語のなかでの構造的な位置づけを確定していくことによって、その言葉は新たに構造の言葉に加わる。「やまとことば」は固定されている。経験によって言葉を再定義し、骨格となる言葉を広げ深めていく。そのような運動過程によって変化していく基本語、これが構造の言葉である。

われわれはまた、「国語」という言葉も用いない。小学校から高校まで言葉に関する教科名は「国語」で、そのなかに古文と現代文がある。教育政治は、これを「日本語」としてとらえることをしない。ある地方にみられる、標準語・共通語とは異なった発音を「お国訛」と言う。ここでの「国」は近代国家ではなく、あることによって区切られた土地を意味している。明治になって、この「クニ」が近代国家と重ねられ、「国」となった。そしてその言葉を「国語」と言うことになった。近代資本主義とともに成立した近代国民国家の言葉としての国語であった。

われわれは、日本列島が一つの支配体制のもとにおかれるよりもはるか以前からの、基層における日本語から考える。それは国民国家の言葉よりもはるかに古く深く大きい。したがって「国語」を用いることなく、日本列島の一つの言葉としての「日本語」で一貫する。

塗り込められ封じ込められた日本語のいのちを解きはなち、現代に甦らせること、これが近代を越えて次の時代をひらこうとするものの基礎でなければならない。

日本列島の歴史を踏まえ、今日ここに住むものの生き方を考えてゆくためには、ながくこの列島弧に住み、その風土とともに育んできたものの見方、考え方を、もういちど取り出し、時代に応じてそれを深めなければならない。


この観点から、いくつかの言葉を吟味したい。

構造の言葉について、構造から定義されるそのことを、基本語相互の関係としてつかみ直す。それを言葉の内在的定義と言う。

言葉の意味を「本来の日本語」とかあるいは「農業協働体の言葉」とか現代日本語の外に帰結させない。外在的説明は必要に応じて述べるが、定義を文明論に置き換えることはできない。語源もまた本質的ではない。また、縄文語やあるいはタミル語に由来するかどうかも本質的ではない。それらはあくまで再定義の営みにおける参考資料である。この資料は重視するが、本質ではない。

言葉は生きている。言葉の意味を深く構造から再定義してゆくこと自体が言葉のはたらきである。構造語の定義は現在の日本語に対してなされる。現在の日本語をその構造と意味において問うことによって構造と意味を吟味し再定義する。固有の言葉によって固有の言葉を対象化してゆく営みそのものである。このような営みが、人々の日々の生活の一部となることを願っている。そのような文化が根づくことが、この転換の時代の内実であらねばならない。

世界は固有の文化がともに輝く深い普遍の場をめざす。その場こそ文明の新しい段階である。西洋に端を発する近代文明はみずからを乗り越え、新しい世界文明にならなければならない。多極化を経て、そのうえで極を超えて、新しい人類的な場としての文明に至らざるを得ない。

この一大転換期、これが現代である。しかしこの転換は言うは易く為すは難いことこのうえなく、すべては未だ可能性に過ぎない。にもかかわらずこの転換は必然である。固有の言葉の再訓はこの転換の時代に不可欠である。

言葉において深く根づく人々こそ、言葉をこえて結ばれる。日本語のことわりにおいて考え、生きんとするものがいるかぎり、希望はある。新たな世の形ができるまでには、さらに困難な段階を踏まねばならない。だがそこに人の再生がある。日本近代の苦悩は新しい時代の肥やしであり糧であり、新しい時代の深い普遍の礎である。

それを聴きとりかみしめ、言葉を再定義する。

構造語の再定義

私は以上のように考え、再定義を積みあげてきた。その跡は、青空学園におかれた「日本語定義集」（検索）を見られたい。現在およそ、百五十語を再定義し、推敲を重ねている。まだ多くの言葉は、考えてゆくための素材を集めた段階である。

それでも、このような日本語の構造を定める言葉の世界は深く、広く、大きいことを知る。言葉を、このような基層でつかみ直すことの大切さを教えられてきた。

そのような言葉のなかで、本書では「神」の定義と考察に必要なものにかぎり、それを再定義する。また、タミル語に由来する言葉はそのことを指摘するが、そのタミル語はアクセント記号類を略したローマ字で表記する。

また、五十音順に並べるので、ある言葉の定義のなかで使われている言葉が、後から出てくるということがある。これは、これらの言葉総体が相互に定義しあっているということである。

ある

アルは、ものが現れ（「アラハル」現はる）、また生まれ（「アル」生る）ること。さらにそれぞれの現れをなりたたせていることが、そこで起こっていることをも意味する。また、ものが一定の性質をもつことも、その状態にあるとしてつかむ。

現れたことを認めた話者が、現れたことを「ある」という。人がものを見つけたとき人は「ものがある」と述べる。あるの基本は現れていることの発見である。発見は見いだされるものの側から言えば出現であり、あるは「生れ出る」や「現れ出る」を意味としてはじめから内にもつ。

アルはタミル語 alar 起源である。アルは「この世界のなかでなかったものが現れる」を意味し、「あれ（生）」や「あらはれ（現）」の「ar」と共通の不変部である。また神の出現を「アレ」というのとも共通である。

「ある」というとき、まず第一に、この世界のなかでそれまではなかったものが現れ、「現れた」あるいは「あった、あった」と発見されることを意味する。つねに発見者に対して「ある」。現れた結果としての状態も意味する。「山がある」のは山からいえば山の発現であり、人からいえば山の発見である。

あるはさらにその根拠も意味する。「ある」と発見されることが可能になる根拠としての「ある」。なぜ見つけて「ある」とのべることができるのか。さまざまの段階をへて最終的には、発見の可能性の根拠は「それがあるからだ」ということになる。「『ある』と発見できるのはそれが『ある』からだ」というとき、この第二の「ある」は最初の「ある」とは違う。つまり個別の話者を離れて一般的に「ある」ことを意味している。この最終的な発見の可能性の根拠としての「ある」ことを「存在する」といい、この「ある」の根拠としての「あること」を「存在」という。

いき

イキはオキの母音交換形である。オキはオク（起く）の根拠である。ものがおきるのがいきのはたらきである。ものがおきるのはものが生きているからである。ものをこととしてつかむはたらき、その根拠となるのがいきである。

オキはタミル語 ukkaram 起源で u↕o の対応がある。タミル語が入る以前から食べ物としてのイという言葉があり、ここにオキからイキに母音交換したタミル語が入って、熟成した。

またタミル語には uy－ir（生命）があり、uyi は日本語の音のなかでは i に収斂する。これがタミル語の aci（魂・心）と結びついて i－noti（生きるものの魂）と熟成した。

よって、イキとは、生きものを生きものたらしめる根源的な力を意味する。ものがいきたものであるのは、いきのはたらきである。

いのち

いきのはたらいているものを「いのちあるもの」という。いのちをいのちとするこの根元的な働きがいきである。

いのちのイは食べ物。ノの動作形はヌで大地（な）からものを得ること。つまりイヌは生きるうえでの糧を得ることであり、その行為がなされる場であり、またその行為の主も表す。このようにinは「いね（稲）」、「いのち（命）」、「いのり（祈り）」などに共通の不変部。チは「霊（ち）」とも書かれ、手の行為を起こさせる大元を示している。

ものが糧を得て生成発展することが、生きるということであり、このときそのもののことを「いきもの」と言う。いきることの根拠としてのはたらき、それがいのちである。

いのちはものの一つの存在形式である。ものがいきによりいきものとなる。そのことを「いのち」と言う。ものがいきを根幹にして「もの、こと、いき」の一体構造において存在するとき、この存在を「いのち」と言う。

「いのちある」というそのいのちそのものは言葉にならない。世界が、動き、生き、響きあい、輝き、生まれ死に、興り滅びしている。それはいのちの発現である。人がいのちあるのもまたいのちの発現である。

いのちは深い。いのちの発現は、つねに、ことをわるはたらきという形でおこなわれる。それが人の存在の基本構造である。

人のいのちがはたらくとき、そのところで、ことは言葉となる。いのちは、ときであり、世界の輝きであり、世界の意味である。ものはたがいにことわりをやりとりしている。つまり、ともにはたらく場において「ことわりあう」。「語りあい」、「語らい」である。ものが語らう、これが世界である。ものが語らい響きあうとき、そのことそのものとしてことわりはひらかれる。

ものの内での語らい、もののあいだの語らい、この語らいこそが内部からことを明らかにする。語らうことによってものはより高くまた広いところに立つ。問題自身のなかから解決の道を見いだすことができる。人もまた、語らいによって、独りよがりな思いこみから解放される。語らいこそ世界を動かす力である。

おもう

ものがなるのであり、ことをするのである。ものを思うのであり、ことを考えるのである。このように、対になった言葉が日本語の骨格をつくっている。ここまできて、私の高校時代の問題を考えることができる。

ものにひきつけられ、心がそのもののうえによることを「おもう（思う）」と言う。ものに思いをよせ、そのもののことを考える。思うとき、考え、ことが生まれる。思うと考えるは二つではじめて、まことの心の働きとなる。

オモウはウム（生む）から転じた言葉であり、生むことが起こる根拠となる行為という意味である。

タミル語 omp－u（熟考する、心を集中する）に由来する。

思うことは創造の源である。その思う行為がなぜ生じるか。それは、ものが人をひきつけるからである。

ものが人をひきつけとらえるとき、人はものを思う。ひきつけられているその人の心のあり方、つまり、ひきつけられた状態の人の意識とその内容を「思い」という。

思うは、具体的には、自己の内に、恋・思慕・恨み・感慨・望み・想像・執念・予想・心配などをじっと避けがたくもっていることになる。思うことは単にある感情などを持つということではない。「思うことが避けられない」、「思わずにはいられない」というところに「思う」という言葉の意味がある。

ものと心はこのようにたがいに交感し響きあっている。これが「思う」がとらえる世界である。「思い」は「思う」の連用形の名詞化として思う心の働き、また思う内容を表す。人の力ではどうしようもなくて、思わずにはいられないことが、本質的な意味である。

かんがえる

カンガエルの古形はカムガフであり、カムは、カつまり場を「結ぶ」ことであり、ガフは「向かう」の意味。つまりは結ばれた場で「向かう」ことである。カムはタミル語 kamu に由来する。二つそろって真とする日本語のなかで、「考える」は「思う」を対の言葉として熟成した。

ものとものとをつきあわせ、もののことをわる（分析・判断する）こと。考えることは次の三つの段階の総体である。

第一に、この世界のある範囲のものの集まりを一つのこととしてとらえる。第二に、こととしてつかんだ中にあるものとものをつきあわせ、その関係を調べる。第三に、ことの仕組み、つまりことの内部の構造を知る。「考える」の連用形の名詞化として「考え」は、考えた結果の内容を表す。

「思う」と「考える」は別の言葉であり、そのうえで、思うと考えるの二つがそろってはじめて真《ま》となる。

一方を欠いては真ではありえない。これが日本語のことわりである。

きく

心をものに向け（あるいは、心をものに向けさせるような何かが起こって）、その結果、ものからことを受けること。

タミル語 kel に由来する。この語は「聞く、聴く、学ぶ、受け入れる、尋ねる」から「（薬の）効能がある」までの意味があり、「きく」に対応している。

何かに意識を傾け、そのものが発した「こと」を受けよう（聞き取ろう）とする行為である。「こと」が届けられるまで待ち、その意味を確認するという態度が根底にある。古くは獲物が来るのを聞き耳を立てて待つ、ということがあった。

さらに、心を向けたとき何かを受け取ることができ手応えがある、というところから、ものの働きがあらわれ現実のものとなること。この意味では「利く」や「効く」を宛てる。

聞き取ろうと待つところに「こと」が届けられることを「音づれ」と言う。ここから「待つところにやってくる」ことを「訪れ」と言う。真理は聞こうとして待つものに「音づれ」る。

こころ

ものの意味をつかむことが、くくるはたらきであり、そのはたらきをするものが、こころである。ククル（括る）kukuru はたらきのもとになるのがこころ（心）kokoro である。ククルはクルのくりかえしである。クル kuru は「やりくり」に残るように、食べもの（ke）をまとめることであり、そこから生きるために手をつくすことである。それはまた言いかえれば、人の体をくくり一つにまとめて生きるためにはたらかせるものが心である。

タミル語に k－ol があり、つかむ、得る、内に含む、かき集める、考える、などの意味をもつ。これが縄文語と混成して kukuru につながり、そのはたらきをする kokoro となった。

くくるはたらきは、「ものに思いをよせ、そのもののことを考え、そしてそのものをくくる」というみちすじで、なされる。それをふまえて人は生きる。これがこころのはたらきのそのものである。このはたらきをなすものがこころである。漢字で「心」をあてる。

この基本からひろがって、心とは、人の内にあって、その人の感情や思ったり考えたりすること、またそのもとで行動し、活動すること、つまりあらゆるいのちとしての営みを統括している働きであり、またその内容そのものである。心は人が生きるうえでなくてはならないことをおこなうものであり、またそれがおこなわれる場でもある。これより展開して、人がこの世界で生きていくにあたってのはたらきをつかさどるものを指し示す。機能的にとらえられることもあれば、実体的にとらえられることもある。おもいがものによってひきおこされ人の内にこもるのに対して、こころは外に向かって働きかけていこうとする。「心の底から笑う」、「心の底から納得する」という表現がある。「心の底」とは心がいのちとつながる場であり、「心の底から」は、いのちのいとなみと心の働きが一つとなったことを言う。人は心の底からわかったとき、にっこりする。

たま（魂）のもとにこころがあり、ことのもとにことば（詞）がある。魂が心においてことを詞にするのである。これが、人が生きる形である。人が生きるうえでやりくることはまことに多方面にわたり、この世の営みそのものである。そのゆえにやりくるもととしてのこころの意味もまた多義にわたる。さらにまた心は仏教思想、中国諸思想、そして近代思想のもとでさまざまに意味を広げた。それは意味が変わったということではなく、人の営みのつかみ方の幅が広がることに応じて意味の幅もまた広がったのである。しかしそれでも、くくるはたらきをつかさどる人のうちのはたらきとしての「こころ」の基本構造は変わっていない。

ココロは今日では情的な面から用いられることの多い詞となっている。しかし、本来はくくるはたらき、括弧にくくるはたらきであり、ことをわったなかに抽象を通して新たな概念を生みだすはたらきであった。ことわりを実行する機能としてのこころを、もういちどつかみなおしたい。

近代日本語は、ドイツ語の Begriff を「概念」と置き換えてきた。これは「思考」と同様に、翻訳語ではなく単なる漢字造語である。そして、「哲学」と同様、これも西周の造語である。Begriff の動詞は begreifen でこれは「理解する」である。ならば、ここは日本語もドイツ語も人の言葉として同じ構造をしている。つまり begreifen こそ「くくる」ことであり、そうであるのならばその名詞形は「くくり」である。「怒る」に対してその連用止めの名詞形「怒り」があるように、「くくる」に対して「くくり」があり、この言葉こそが Begriff を日本語に翻訳した言葉と言える。このような訳のなされる近代、これはもう一つの近代の可能性を示唆している。

こと

コトはモノと対になる言葉である。ものはことを内容として生成変転する。人はものの意味を聞きとりこととしてつかむ。人が、ものを、相互に関連する意味あるもののあつまりとしてつかむとき、そのつかんだ内容がことである。

ものはことにしたがい、ことを内容として生成変転する。ものが生成変転する中味がことである。人はものの意味を聞きとりこととしてつかむ。人が、ものを、相互に関連する意味あるもののあつまりとしてつかむとき、そのつかんだ内容をコトと言う。

ものの集まりが一つの型としてくくられるとき、その括られたまとまりをひとはコトとしてつかむ。「無秩序であった」もののなかに意味を見出し、一つの「かた（型）」にとらえるとき、そのかたを分節した言葉をコトという。これがコトの原義である。

この言葉は、タミル語katanに起源をもつ。定めや義務という意味である。それが熟成した。カタ（型）と同根である。無秩序であったものが意味をもって一つにまとまること、これがコトの原義である。また「くち（口）」とも同根である。クチの古形はクツであり、「くう（食う）」と「つくる（作る）」からなる言葉である。「くつわ（轡）」に残っている。

口に出して言葉にすることによって、無秩序なものがまとまる。言葉にすることによってことが成立する。言いかえれば、言葉にできる根拠がことである。いわれたこと（言）といわれること（事）のさらに根底にあって、それらを成り立たせている、つまり世界を意味あるものにしている働きをいう言葉である。コトはモノと対になって、日本語で最も基本になる言葉をなし、その意味は深く大きい。

人にとってこの世界は、動き、生き、響きあい、輝き、生まれ死に、興り滅びしている。それを人はこととしてつかむ。コトは、人がみずからの諸活動とみずからが生きる場所に生起する内容をつかもうとするとき、のべられる言葉である。

ことそのものは言葉にならない。山の光景にわれを忘れ、職人が制作に没頭し全精神を傾けて仕事に打ち込んでいるとき、人はことのうちにある。そしてわれにかえり反省が生まれる。そのとき、体験したことを言葉にする。直接の出会いからことを経て、概念の把握へ転化する。事実としての存在が本質としての存在に転化する。

つまりことは、「こと（の）は（端、葉）」としての「言葉」に現実化する。「は」は言葉を意味するタミル語vayに由来する。ことそれ自体は、「言葉」ではない。「言葉」はことの現実の形であってことそのものではない。ことは「言葉」が成立する土台であり、「言葉」につかまれる以前の本質を指し示す（指し示そうとする）言葉である。

こととしてつかむ行為は、ものの生きた事実から、名づけられた言葉への転化であり、ものとの直接の出会いから、人の考え方、つまり概念としての把握へ転化する。これが経験である。事実としての存在が本質としての存在に転化する。

クチの古形であるクツの語る内容がことである。クツは「くつわ」（くつ（口）わ（輪）の意）に残っている。ことばになることによって、無秩序なものがまとまり、ことが成立する。では「うちなあぐち（琉球語）」というようにクチは言葉の意味である。

ものの世界に意味を見いだし、これを一つのこととしてつかむ。このとき、こととしてつかむ私、が確立する。また、「こととしてつかむ」ときに、意味を成立させるときが生まれる。「時」の成立である。こととしてつかまれた内容は、人には「時間的に経過する一連の出来事」として意識される。そのように統括してつかむ作用が人の認知行為である。

モノとコトは取り違えることなく使われる。意味をいちいち判断して使うのではなく、発話者の意図と言葉が一体になっているからモノとコトは正しく使われる。日本語の構造と言葉の意識が一体になっている。ものの世界を一つのこととしてつかむのは人の認知作用の根幹である。言葉というもののはたらきそのものを言葉にした言葉がコトである。

コトは事実の発見の意識を表現し、モノは個人の力の及ばないものの存在を表現している。ものが世界を見ることによって切りとられるのに対して、ことは世界に耳を傾けきく（聞く、聴く）ことによって言葉としてつかまれる。

ものの集まりに意味を見いだし一つのこととしてつかむ力が人にはある。その力が人を人に定めている。人がものを相互に関連する意味あるもののあつまりとしてつかむとき、そのつかんだ内容をコトと言う。人にとってこの世界は、動き、生き、響きあい、輝き、生まれ死に、興り滅びしている。それを人はこととしてつかむ。

ことわり

こと（言）をわる（割る）ことにより明らかとなること。ことをわって人が知ったそのもののこと。ことをわって開かれたより深いこと。これがことわりである。

ことは、生々流転する世界を、一つのまとまりで切り取りつかむ作用によって得られる内容そのものであり、したがってことわりは、つかんだものの道理、ものに内在する道理を意味する。ものは人の意のままにはならない存在であるがゆえに、ことわりは人の力では支配し動かすことのできない条理、すじ道、も意味する。

ことを割ることは人が生きてゆくことそのものである。生きてゆくことはいずれにせよ一つ一つの困難と向きあっていくことである。ものとしてとらえられた人生の厳格さを聴きとり、それを自己の生き方に表す、それがことを割ることである。人生とはことわりの人生だということもまた、人生の厳格さである。世界はいきいきと輝き運動を続けている。人もまたこの世界のなかでいっとき輝きそして生を終えてものにかえる。そのいっときを、「いのちあるとき」という。いのちあるとき、それを生きるという。人が生きる内実は、ことの内に入ってことをつかみ、人生を動かしていくことである。この営みを「ことをわる」という。人生とはことをわる営みそのものである。里はことをわるところであり、ことわりの智恵をつたえるところでもある。

ことわりは「ことわるまでもないことだが」のような用法を仲立ちにして、拒絶するという意味まで拡がった。家や村などの内でことを荒立てることは、日常生活の流れを断ちきることであった。それがつまりことをわることであり、日常生活を断ることであった。協働の場の慣習的な任務に異議を唱えることがことわりであり、したがって日常生活を断つことを意味する漢字が当てられた。

人のいのちのいとなみそれ自身がことわりであり、さらにそのうえでの語らいである。人が生きるということは何かしらことを荒立てることなのである。

ことをわるとは、ことをあいだにしてたがいに語りあうことである。また、ことに導かれて心のなかで語りあう、それが考えるということである。ここには、人の心の普遍がある。

ギリシア語「知を愛すること」を語源とする philosophy は、知の学であり、翻訳するならば「ことをわるはたらきの学」の意味である。中江兆民は、philosophy に対応する日本語として「理学」を用いた。「理《ことわり》の学」として philosophy をとらえるところには、philosophy を日本語のなかでとらえ、訳そうとする意思が働いていた。福沢諭吉もまた言葉を『易経』から直接にとって「窮理」と訳している。「ことわりを窮明する学」としての「窮理学」、その簡約としての「理学」こそ、philosophy の訳として日本語の訓にうらづけられたものであった。

ことわりの学として philosophy をとらえるなら、少なくとも江戸末から明治期に出会った西洋を主体的に、言葉の内部からとらえることができる。このように、日本語によって裏付けられた言葉を訳語にあてることが、兆民や諭吉によっていったんはなされた。

しかし、明治政府は「理学」を捨て「哲学」を採用した。「当時フィロソフィーを哲学と定めた西周が、明治十年東京大学創設と同時に文学部に哲学の科目を設くるに及んで此言葉を採用せしめたことから確定語のようになった」（小川甫文「近代日本の哲学思潮」、理想社版『哲学講座』第三巻）。

西周については『赤松小三郎ともうひとつの明治維新 ── テロに葬られた立憲主義の夢』に詳しい。そこに「鵺のように権力に迎合する、そういう人間であったというより他ない」とあるが、まさに西周は近代官僚の典型であった。そして同書では、

人民を文明に導く啓蒙家であったはずの西が、軍の暴走の原因をつくった天皇の統帥権の制度化に加担し、際限ない軍事支出の拡大を要求し、亡国の種を撒いた。西のやったことは、実際には権力を行使して、人民を「非文明化」することだった。

とある。この西周が「哲学」を採用したのである。「哲学」は、近代の中国西学が philosophy の訳語として転用した「希哲学」をもとに、さらにそれから西が造語したものである。「理学」は翻訳語といえるが

「哲学」は近代造語である。そして「理学」は自然科学と数学の総称になったが、この意味においては、日本語のなかからその意味が定まる用法ではなかった。philosophyを日本語で受けとめた「ことわりの学」としての「理学」か、漢字造語の根なし草言葉「哲学」か、ここに近代日本の分岐点が象徴されている。

われわれはいま、「ことわりの学」としてphilosophyをとらえ直すべき地点に立っている。

こもる

から（殻）で囲まれたから（空）に入り、外との接触を断って、魂を受けいのちがあらたまること。殻に入って、新たな魂を受けること。籠もる場としての「中空の場」は、生命の宿るところとしての子宮、米が籠もる殻、サナギが籠もる繭、セミが籠もる殻、新芽が籠もるつぼみ、これらにかこまれた新たな力の宿る創造の場と考えられてきた。

タミル語に出会うよりはるか以前からある言葉であると考えられる。

冬籠もりは、春に新しい命が芽吹くためになくてはならないことであり、また冬に籠もるからこそ、春に芽吹くと考えられてきた。冬籠もりは新しい命を受け取るうえで、なくてはならないことであった。

いまの世では「引き籠もり」のように、籠もって働かないことや学校にいかないことを、あるべきではないこととしてとらえる。しかしそれは近代の考え方であって、本来引き籠もることは、新しい命、新しい人生を生み出してゆくうえでなくてはならないことであり、そのうえではじめて「殻を破って」出てくるのである。

さち

人はいのちとして働き、ものと語らい、ものから生きる糧《かて》としての「さち」を受けとる。「海の幸」「山の幸」のサチであり、世界が人に贈るもののことである。「さち（矢、幸）」は「サツ（矢）」の転。矢という道具のもつ獲物を捕る威力、霊力。幸の意味である。

日本語はタミル語に由来する言葉が多いのであるが、サチはそれより古く、おそらく縄文時代からあった言葉ではないか。この言葉を生かすことで、現代の生産というものを少し異なる観点から見ることができる。

人はものと係わり、もののことをわり、世界から生きる糧を得る。それが人のいのちのはたらきである。糧を得るその力がさちである。人々は心を一つにして一心不乱に働き、さちの力をその身に得る。田畑、山野、海原、工場、商店、学校等のあらゆる場において、耕す。そのとき世界は人々に豊かなものを贈り届ける。さちは何よりちからであり、働きである。

さちは、その力によって得られた糧そのものでもある。海の幸、山の幸、自然のめぐみ、このような直接贈られたものもさちなら、すべての作られたものもまたさちである。人がことをわり、そして贈られたすべてのものがさちである。命そのものとしてのたま（魂）が、見えないところにこもり、新しいものが現れるように、蚕が蛹から孵るように、稲穂が実るように、それまではなかったものが現れる。耕すことによっていのちがこもり、はじめて、さちはなる。

さちを受けとる働きが、人が世界に生きてあることの姿であり、世界の輝き、世界の響きあいそのものである。人はこのさちを、協同して働くことによって受けとる。さちを得て生きることが、人がこの世界で生きることそのものであり、その実現は人の人たるゆえんの実現である。さちを受けとるとき、人は幸いである。それが人のいのちの輝きである。「幸い」とは、ものが成るはたらきが頂点に達し、内から外に形を開き、いのちのはたらきが盛んな様そのものである。

働くことは耕すことである。耕すのは何も田や畑だけではない。職人がたくみに工芸するのも、旋盤工が職人技を見せるのも、自動制御の流れ作業のなかにおいても、やはりそこには耕す作業がある。人に教える仕事もまた、耕すことである。耕せば耕すだけ、必ずさちは人のものとなる。働くよろこびであり、生き甲斐である。さちはこのように本来、人に幸いをもたらす。

ところが資本主義はそうではない。それはサチという言葉がとらえた人のあり方をおしつぶす。今日の世界の事実は、人は働いてもさちをみずからの手にすることはできず、働くことと人の「幸い」は切り離されている。

人が得たさちはそのまま人のものになるのではない。今日の世界は、人が働いて得る「さち」を奪い、同時に豊かにさちを生みだす環境を破壊する。奪われたさちは集められ富となる。富を得るものはますます富み、奪われるものはますます奪われ、奪いつくされる。そうすることでますます富を偏在させる。

人の働く力は、人が生まれ出たものの世界から人に贈られた力である。この力が今日の社会では労働力という一つの商品になっている。今日の資本主義の世界ではすべてが商品であり、商品でないものはない。労働力も商品である。この商品は、働くものが今日の社会で働くものとしての自己と家族が命をつなげるだけの貨幣と交換される。労働力がものから受けとるさち、つまり労働が生みだす価値はそれよりもはるかに大きいのにも係わらず、かろうじて生きるだけの対価しか得ることはできない。それを超えるものはこの労働力を買い入れた資本家のものとなる。

富は再び生産を組織するために使われるとき資本となる。さちは人から奪われ別に蓄えられ資本として再び働きの場に戻る。しかしこのとき、その働きはもはや人の働きではなく、さちを奪うための生産組織のなかに組み込まれた働きである。働く人にはその人が生きるだけのものが貨幣として与えられる。それよりもはるかに豊かなさちを生みだしたのに、それは人を豊かにしない。

資本主義のもとにあるのはさちを受けとる力としての労働力である。労働力は売り買いされる。その人がかろうじて生きるだけの価格でなされる。人は、それよりはるかに豊かなさちを受けとるのにそれは資本に横取りされる。

こうして、さちを人から奪い、資本を増やすことを第一とする制度、それが資本主義である。資本主義は協同して働く人を個別に切り離す。切り離してさちを奪う。本来、協同してははたらきさちを受けとることは世界の輝きであり、人が人であるあかしであった。しかし、資本主義のもとでこの輝きは覆われている。職があればあったで働くことは苦しみであり、職を失えば失ったでたちまち路頭に迷う。人が資本のための資源とされる。これが現代の労働の真実の姿である。

今日世界は、さちを奪い資本を増殖させますます肥え太る世界と、さちを奪われますますやせ細る世界とに、完全に二分された。さちを奪い資本として蓄えることを実現する基礎は、遠く新石器革命にさかのぼる。そのとき、さちを奪い操って増やす側の人と、さちを生みだす働きに従いながら、それを奪われる側の人との分裂がはじまった。資本の源もまたさちである。さちを奪われた人はさちを生みだし得ない。資本は根本的な矛盾に陥る。資本のあり方はもはやこのままではあり得ないところに至っている。

さと

「さと（里）」は接頭語のサとところを表すトよりなる。サは「さつき（皐月）」、「さおとめ（早乙女）」、「さなえ（早苗）」、「さみだれ（五月雨）」のサであり、みずみずしいいのちの満ちていることを表す。トは「やまと（山の霊威が現れるところ）」、「みなと（水の霊威が現れるところ）」のように場を表す。

サトはいのちの霊威が現れるところをいう言葉である。つまり、人が生まれ育ち、生活し、いのちをつなぐところの意である。後にそこを出たものは、育った里を、心のよりどころとして「ふるさと（古里、故郷）」といふ。

固有の言葉とそのもとでの協働をとおして形づくられた生きかたを里のことわりといふ。

里のことわりを慈しみ、それをいまに生かす。この心が世のあり方を変えてゆく力であり、この心を欠くならば、何ごとをなさんとしてもそれは根なし草である。

たま

タマはタとマからなる。タは「たなごころ（掌）」と同じく「て（手）」のはたらきを表す。マは「むすぶ（結ぶ）」行為の根拠を意味する。つまり、タマは「はたらいて実を結ぶ」ことが実現する根拠を意味する。これが魂の本義である。

タマはおそらく縄文時代からあった言葉ではないか。マが結ぶことと関連付けられたのは、タミル語が入ってからであろうが、この言葉そのものは古い。

タマは「たま（玉）」と同語源である。「たま（玉）」は「たま（魂）」の憑代《よりしろ》と考えられた。折口信夫は言う。

昔の人が考えている「たま」は、威力のある魂が物のなかに内在してゐて、それを發揮して人の體に入れる、さうするとはじめて靈力を發揮するといふ考え方、魂が動物の體を通してくることも、また物質の中に這入つて、人間に發揮させることもある。(「古代人の信仰」昭和十七年二－五月『惟神道』第二巻第二－四號)

古代人の「たま」は折口信夫がいう以上に「労働とその結果」に深くかかわる言葉である。

とき

トキは「つき(月)」の古形ツクに由来か。そしてツクはタミル語tinkalに由来する。月の満ち欠けと運行から、それを成立させる根拠としての「時」が分節されツがトとなる。また「イ」には移り変わりの意があり、それによってトキという言葉が成立した。

さらに、ツクは「つくる(作る)」行為を表す言葉からルがのぞかれた部分で、「作る」つまり田を作る作業を成立させる月の運行とも意味を重ね熟成した。

人は、働く場で生成躍動するものの集まりを一つの意味のある「こと」としてつかむ。ことは生きた動きであり、動きはときを成立させる。こととしてつかむことが、つかむ「私」の確立であり、つかむ対象と「私」の共存する枠組みとしてのときの成立である。

たとえば、ある人とその人のいる場所が意味あることとしてつかまれるとき、「その人がそこにいるとき」が成立する。

あることが起こった「とき」別のことも起こったならときが同じであると考えられる。また二つのことの一方が起こってから他方が起ったならあとさきが考えられ、ものの持続とことの推移としての時間が認識される。こととときが人間の認知を支える根幹であり、その根幹において言葉が生まれる。「とき(時)」は「解く」の連用形「解き」と同じ語源ではないか。「解く」は「堅く凍りついたものをゆるめる」ことが基本の意味。冬の氷が「解け」春の訪れを知ることで、時の推移を実感したことが、ときの根底にある。「解ける」とき、それは新たな命の躍動であり、こもっていたものが解き放たれるときであり、輝くときである。そのときにいちばんときを感じる。

ところ

ところ(所、処)tokoro とはつくる(作る)tukuru 行為によって定まる一定の領域のことである。それはさらに、つくるという行為を成立させる根拠でもある。

トコロは大きくさまざまに展開する言葉であるが、この根本の意味は一貫している。具体的な場合も、抽象的にある話題のなかに占める一定のことを表す場合も、時間的な場合もある。つねに人の行為を可能にする場であり、その行為が定める場である。これがところの基層の意味である。

トコロはつねに、人のつくるはたらきとともにある、言葉である。

ではツクル tukuru とはどのような言葉か。tu は手 te の働き、ku は食うこと、ru はそれを実現すること。これによって、あるものがなるように、その土台に対して必要な条件を整えること。あるものや土台が文中で明示されなくて作ること自体が目的のようになっていても、つねにそこでは、何のために作るのかが、意識されている。

手 te ← ta はタミル語 tol に起源をもつ。「つくる」はこの語を起源に、弥生期に熟成した。

人が自然から生きる糧を得るのは、「よくつくる」ことによって「よくなる」からであり、ツクルは人と自然との関わりの基本を表す。

ツクルはまず「田を耕す」の意になる。

あしひきの、山田を豆久里《つくり》（『古事記』下・歌謡）

あしひきの山田佃《つくる》子ひでずとも縄だにはへよ守《も》ると知るがね（『万葉集』一〇・二二一九）

さらに「栽培する」に広がる。

天の下の公民の作り作る物は、五《いつくさ》の穀《たなつもの》を始めて、草の片葉に至るまで（『延喜式』祝詞－竜田風神祭）

そして、ある材料から別の新しいものを生み出すことを意味する。

八雲立つ出雲八重垣妻籠みに八重垣都久流《つくる》その八重垣を（『古事記』上・歌謡）

つくるはたらきのなされる場であり、つくる行為の根拠となる場が、ところなのである。

このよう対応はいくつか見られる。作るtukuru－所tokoro、括るkukuru－心kokoro、くるむkurumu－衣koromoである。

こうして、トコロは、一定の行為の根拠として、他よりも高く平らになった区域、さらに転じて周囲よりも際立っている区域を表すとともに、区域として限定されたもの、つまり、あるものが存在したり、何らかのことがおこなわれる空間内一定の位置、領域を意味する言葉となった。

ところはまた場でもある。「何々の場」と言えばそれは「何々が成立するところ」の意味である。よって本書では「何々が成立するところ」を「何々の場」とも言い表わす。

なる

たま（魂）がこもり、そのはたらきで新たにものが現れること。米がなるように、自然の力と人の働きによって、それまではなかったものが現れること。タミル語naru起源の言葉である。

生命力がこもることによってはじめて「なる」。だから「なる」は価値あることとしてとらえられる。タミル語に由来するナルが日本語のなかで熟成する過程で、「な（大地）」に「ある（生まれる）」としてとらえられ、人が耕し働くことによって、大地が恵みをもたらす、これが「なる」であると定義されていった。

ひと

ヒトのヒは「ひ（霊）」と同じ。「ひ（霊）」はタミル語peに起源をもち、いのちの根源的なちから、いのちの根拠を意味する。元来「ひ（日）」とは別の言葉であった。しかし古事記の時代、すでに「ひ（霊）」を「日」で表しており、早い時期から「ひ（霊）」は太陽の生命力、太陽神の信仰の根源と考えられてきた。トは「処」、つまり場を意味する。よって、ヒトはいのちの根拠である「ひ（霊）」がとどまるところを意味する。これが、日本語が人をつかんだ原初の形である。

人が生きて働くことは、ものとひとのことわりあいそのものであり、世界との語らいである。人がこの世界で一定のあいだ生きること自体、ことわりである。いのちあるものとしての人は世界からものを受けとり生きる。それが働くということである。

また、人と人はことをわりあい、力をあわせて働く。つまり、人は語らい協同して働く。協働することで人になる。

この世界を生成するいのちの根拠がこの世界に現れるあり方。それが人である。近代に至り、労働し言語をもつ生命として人が再発見された。現代日本語ではそれを「人間」と表すことが多い。そのうえで、実は「ひと」のうちには、すでに言葉をもって協働するものの意があることを確認する。つまり、その「人間」の意味が実は「人」にすでにあったことを確認する。近代が発見した「人間」の意味を含む言葉として「人」を用いる。

人の営みとは、耕すことによってものが成るようにすることである。人はものを直接には作らない。「田」を返すことによって豊になるようにする。「耕す人」と「田というところ」とそして「そこに成るもの」の三者の相互関係が労働、ひいては人の営みの基本的な型である。それは、言葉を通した協働によってなされてきた。

では、「田」とは何か。タは「たから（宝）」、「たかい（高い）」、「たかい（貴い）」などとともに、タを共通にする。タカは「得難い立派な」を意味した。「田んぼ」は泥田、水田を指す。紀元前八～十世紀のころ、タミル人が日本列島にもちこんだ技術である。稲作そのものは縄文時代から行われていた。タミル人がもちこんだのは技術としての水田耕作である。栽培された稲そのものは在来種であったかも知れない。水田でない耕作地は「はた（畑）」というが、後に「田」は乾田も意味するようになった。たがやすことは、もののできるところである「田」を「返す」ことによって、ものがなるようにすることである。タカヘスが古形、「田を返す」から来る。作物を作るために田畑を掘り起こし、すき返して土を柔らかにする。

このような人の基本的なあり方が、日本語の構造のなかに映し出されている。

自己とは何か。世界とは要するに何なのか。いのちとは何か。自己のいのち、いのちの深まり。ひとりひとりのいのちと、大いなるいのちは、どのようにつながるのか。問いをかかえて、人はどう生きるか。人生の意味はどこにあるのか。人は自己のために生きるのか。人のために生きるのか。

まず問うことである。問える人になることである。問うことが人としての自立の一歩である。現在を転じることはできるのか。不安、有限、死、世界の無意味を越える道はあるのか。そもそもなぜ越えねばならないのか。さらにまた、この輝きの覆われた世界の現実を転換することは可能なのか。

人がかかえてきた存在の不安と、今日の世界の閉塞とは、どのようにつながっているのか。あるいは別々のことなのか。宗教の経験、社会主義の経験はいかに生かされうるのか。問いがあることは転換が求められていることではないのか。必要性は可能性の根拠ではないのか。新しい智慧、新しい枠組みは可能なのか。

人が生きていくのは、実に難しい。多くの悔恨と苦しみをかかえていかなければならない。それが人生というものである。人の歴史はこのような苦しみの連続であった。いつの世も、一部の人にのみ都合よく大多数の人には苦しみの連続であった。また、なぜ自分にこんな理不尽なことが起こるのか。何か悪いことをしたというのか。こんなこともまた、つねにあり得る。

一方、人はその本性として「人としてよく生きたい」と願う。価値ある人生を実現したいと考える。しかしまた、「自分は何の価値もなく、いてもいなくてもいい人だ」と思いこみ、引きこもったりあるいは自死したりする人がいる。これは大変難しいことであるのだが、他の縁ある人から見て、なくてはならないその人の意義というのは、じつは己を空しくして人のために尽くそうとするなかでしか実現しない。「自分は価値のない人だ」と考えることのなかには、未だ自己への執着がある。

今日、日本では「人的資源」という言葉が用いられる。中央教育審議会は一九七〇年代「人的資源の開発」を言いはじめ、それが今日に続いている。人的資源とは生産活動に必要な労働力ということである。人を人として育てる教育から、人を資源として使えるようにする教育への転換がはかられてきた。教育を生産活動の一部とする考え方が表面化する。

もとより近代の学校制度は、産業技術を習得した人の育成を目的にしている。その時代の文明とそれを支える技術を習得することは必要である。人が何らかの生産につながることは、人の存在条件そのものである。だから仕事を求める人すべてに仕事を保障する。それは人の尊厳を尊重するということだ。

人的資源という考え方がいきわたることで、この関係は逆転させられ、正面から人は「資源」であるという主張が行われはじめた。

しかし、人は資源ではない。人そのものとして、まじめに働き、ものを大切にし、隣人同僚、生きとし生きるもの、たがいに助けあって生きてゆく。経済は人にとって目的ではない。あくまで方法である。

現実にも、経済を第一とする世のあり方に対し、協働の力で人を第一とする世を求める動きは、ますます深く広がっている。世界はいま大きな転換期の黎明期にある。

まこと

マコトのマは「真」である。マコトの第一義は「かんがえること」がそのまま現れることである。つまり、内心と実際の行為とのあいだにうそや偽りがないことである。この意味で現代では漢字として「誠」を当てる。

「まこと」の「こと」はより大きく、もののことすべてを意味する。漢字では「真・言」でもあり「真・事」でもある。したがって、マコトはこの世や世界の真のあり方そのものであり、それを言葉に表し、また姿に現すことまでも意味する。

むすぶ

ムスブはタミル語 muti に由来し、意味は「完全になる。なしとげられる」である。「むす（生す）」――「ひ（霊）」と意味が関連して、むすぶことで新たな魂を込めるとの意味に深まったと考えられる。

ムスもまたタミル語 mucu に由来する言葉であり、意味は「群れをなして集まる」であり、ヒもまたタミル語 pe に由来をもつ。タミル語の中でこれらの言葉の関連は確定できないが、日本語として熟成するなかで、端と端をからませつなぐことを原義とし、そこから、分かれているものをつなぐこと、ひとつにまとめることへと、深まっていったと考えられる。

もの

世界のすべてはものである。ものほど深く大きいものはない。この世界はものからできている。森羅万象、すべてはものである。これが世界である。ものは存在し、たがいに響きあっている。これが事実である。世界はそれしかない。そのなかで、人もまたものとして、ものと豊かに交流しあい、語らいあう。ものは、いわゆる物質と精神と二つに分ける考え方での物質とは、まったく異なる。このような二分法ではない。ものは実に広く深い。この深く広いものを日本語は「もの」という一つの言葉でとらえる。この意義を吟味し、ここに蓄えられた先人の智慧に注目しよう。

この言葉は、タミル語 man に起源をもつ。タミル語は世の定めや決まりという意味である。それが縄文語と混成するなかで熟成した。ものは変えることのできない定めであり、人の世の定めまですべてをつつむ。定め、決まりの意味のタミル語が、熟成し、意味が深まり、定めや決まりの根拠として、人が見ることができるすべてのものをモノと表す。さらに思いをかけるすべてのものをモノという。見たり思ったりするその視線にあるものが、ものである。

ものをものとしてとらえるのは、見る働き、あるいは思う働きである。そして見たもののことを言葉で切り取る、つまり考える。逆にこの認知作用が成立するものすべてがものである。これが第一義である。

諸々のことが生起する土台にあるものは、人の力の外にあり、人が変えることはできない。ここから既定の事実、避けがたい定め、さまざまの規範などを表す。しかしまたものは人に対して無関係に存在するのではなく、逆に人との関係においてつかまれ、人をひきつけるとともに、ひきつけてはなさない力のある存在である。これが第二義である。

ものは、物と心を切り離す二元論の「物」とは異なり、思いと切り離されない。ものはそのものへの思いを引き起こし、見る者のいのちにかかわる力あるものとしてとらえられる。つまりものは人に働きかける。もの自体が人が恐怖し畏怖する対象となる。

ものは確かにある。見たり思ったりすることができるものがものである。すべてものは人と係わり、人と係わる一切がものである。ものとは思いをよせる方にあるすべてのものをいう。ものをものとしてとらえるのは、まず見る働き、あるいは思う働きである。そして見たものを言葉に切り取り名づける。逆にこの認知の営みが成立するすべてのものがものである。思うことによってものとして切り取られ名づけられてものが成立する。これがものである。

ものはそれ自体で存在している。人がものに思いをよせ、もののことを考えるのはなぜ可能か。それはそこに、ものが確かに存在しているからである。それがものである。そのものは、諸々のことが生起する土台にあり、人の力の外にあり、存在をなくすることはできない。ものはもの自身の力で動いている。であるがゆえに、人がものを思うのは、実はものにひきつけられてはじめて起こる。ものは人をつかむ。ひきつけてはなさない力のある存在である。

人もものである。人もまたもののちからで生きる。ものを思い、もののことを考え、ことの内容を聞きとる。それはものが人にはたらきかけることであり、人はものからのはたらきかけを受け、人生を変え、そしてものを動かす。人あってのもの、ものあっての人である。ものは人と無縁に存在するのではない。切実な働きかけと真剣な受けとめ、そして決断、こうして、人は無限に向上する。これが人生である。

よ

ヨは、漢字「代、世、節、齢」をあてる。

一つのいのちが生まれて更新されるまでのあいだを意味し、ヨは「豊かさの根源としての力、生命力」を意味するとともに、「更新されるいのち」の一区切りを意味し、その単位としての時間の基礎となっている。ここから、いくつもに分化した。

この言葉も、タミル語に出会うよりはるか以前からある言葉であると考えられる。

「節」をあてるとき。竹などの節と節とのあいだの中空の部分のこと。漢字「節」を当てるが、「よ」は節と節のあいだを指す。「中空」は「うつろ」であり、「うつろ」は生命を生み出す場であった。『竹取物語』で竹の節と節とのあいだに姫がいたのは、この意味である。

此の子を見つけて後に竹とるに、節をへだててよごとに黄金ある竹を見つけること重なりぬ（『竹取物語』、傍点引用者）

「代」をあてるとき。人が生まれて死ぬまでのあいだのこと。

沖つ鳥鴨著《ど》く島に我が率寝《ゐね》し妹は忘れじ余《よ》のことごとに（『古事記』上・歌謡）

花散らふこの向《むか》つ峰《を》の乎那《をな》の峰《を》のひじに付くまで君が与《よ》もがも（『万葉集』三四四八）

「世」をあてるとき。人の集まりのなかにある関係が一定のものであると認識され、それが続いているあいだをいう。そのなかにいる人からとらえた世のことを「世の中」とも言う。

仏説にいう過去（前世）・現在（現世）・未来（来世）の各々。また、仏法が行われる正法《しょうぼう》・像法《ぞうぼう》・末法《まっぽう》の三時期の各々。仏教思想と在来の思想とが混淆して生まれた用法。

日本語の語る神

あらためて「神」を考えよう。言いかえれば、日本語のもとに生きてきた人々は、何を「神」と言いあらわしてきたのか。言葉としてのカミは、タミル語 ko－man に由来する。その意味は「大きな力をもつ恐ろしい存在」である。

この言葉が多くの関連する言葉をともなって、水田耕作技術とともに日本列島に伝わった。大野晋『一語の辞典　神』には次のようにある。

カミ（神）に当たる言葉が古代のタミル語の中から見出される。もし、それがカミ一つだけの共通というのならば、偶然の一致かもしれないという懸念があるだろう。ところが、カミに関わる日本人の行動を表わす言葉、マツル（祭る）・ハラフ（祓ふ）・コフ（乞ふ）・ノム（叩頭する）・ホク（祝く、ことほく、寿のホク）・ウヤ（敬）・アガム（崇む）、あるいは死に関するイム（忌む）・ハカ（墓）など、これらの宗教用語がセットとなって、やはり平行的に共通する。また、豊作を祈願する年頭の行事の共通もある。またカミの類語と思われるヒ・ミ・チ・ムチなどについても共通する言葉がある。

こうしてこれらの言葉、「神」とそれに関連する言葉がタミル語に由来することの根拠が示されてゆく。このタミル由来の言葉カミが、縄文語と混成し熟成するなかでカとミよりなるものとされていった。カはアリカやスミカのカと同じく人の生きる場としてのところである。ミはムの名詞化であり、ムはそのところをむすぶ、つまりそれを成り立たせることを意味するようになる。

人の生きる場をむすぶものとは、人がいきを根幹にして「もの、こと、いき」の構造において存在するとき、この存在を成り立たせるもののことである。いのちをいのちたらしめ、生きものを生きものたらしめる根源的なはたらきをしているものが神である。

このいのちのあり方を「いのちのまこと」と言うなら、いのちのまことをむすぶもの、それが神である。私たちは、このいのちの不思議に出会ったとき、それをなりたたせるものとしての神のはたらきをすぐれたることとして、実感する。神はかしこきもの、恐ろしいものである。カミナリ（雷）はまさに神の鳴りであり、成りであり、怒れる神であった。そしてこの神に、はらへによって穢れをのぞくことを祈り、まつりによって豊穣を祈る。人は心に願うことがかなうように神に祈る。心から祈るとき、すぐれたることのある神は、その願いをかなえる。人が生きることとは、ものに思いをかけ、そのもののことを考え、願いがかなうように神に祈り、人生を動かしていくことである。

神は「場をむすぶ」ものであり、さまざまの場ではたらき、八百万神といわれるが、そのはたらきは同じである。つまり、人のいのちを成り立たせるのものとしての神である。この世がものよりできていて、この宇宙があり、そして地球があることの不思議。さらにそこにいのちが生まれ、人が現れたことの不思議。

これをむすぶもの、それが神である。人はともに働きさちを受けとる。この生産の不思議、働くこととさちを結ぶこともまた、神の働きである。

そのゆえにまた、人そのものは神ではない。本居宣長の神の定義では、「すぐれたることのあるもの」として、天皇もまた神たり得た。実際、宣長は「天皇は神である」からさらに「神は天皇である」に至った。宣長が言葉に分け入り考えたことは貴重であり、優れているが、日本語の神の定義からは、人が神となることはありえない。人が神であるという考え方はわれわれが定義した神から帰結されることはない。

民俗学的研究によっても、人を神とする考え方が江戸期までの民俗になかったことは実証されている。人は神の言葉を聴くものであり、あるいはまた神が人に憑いて言葉を伝えるものであるが、人は神ではありえない。本居宣長の言説には、深い矛盾が存在している。同時に、彼をしてこのように言わしめた、封建体制の閉塞を打ち破ろうとする情念もまた、認識しなければならない。

あのすなおな心

「あの素直な心」こそ、島崎藤村が『夜明け前』においていまに残した貴い言葉である。

「素直」は、ただそれだけの意味のスと、まっすぐで偽りないを意味するナオからなる。『日本書紀』などでは、他の漢字をあてているところもあるように、「素直」をあてるよりも古い言葉である。そこで、藤村からの引用では「素直な心」と、ここで定義する言葉としては「すなおな心」と表すことにする。

これまでの考察をふまえて、あらためてこの「すなおな心」を定義しよう。人は、いのちの不思議に出会ったときに、身をただし心をただして、そのいのちをむすぶものに深く祈る。思わず祈る。この祈りの心、これが「すなおな心」の基本の意味である。

そして、いのちあるものとしての人は、世界からさちを受けとり生きる。それが働くということであり、そのところでこそ最もいのちが響きあい輝く。人と人はことをわりあい、力をあわせて働く。人は語らい協働することで人になる。その人と人の語らいの心こそ「すなおな心」のもうひとつの意味である。

必要な言葉を日本語の基層から再定義し、そのうえに、島崎藤村が伝える「あの素直な心」を、あらためて、古くより今に伝わる「すなおな心」として定義した。すなおな心とは神と人、人と人のあいだのまことのあり方そのものなのである。

それをふまえて、神道を定義する。神道と聞けば、人はそれぞれに何かが思いうかぶだろう。歴史的にも紆余曲折を経てきた。ここではひとまずそれを措いて、日本語そのものから改めて神道を定義したい。結論を言えば、神道とは、言葉をとおして古来よりいまに伝わる、人が神と語らい生きる道である。日本語の定義する神の、その道を日本神道と言うのである。

神道とはこのような、神と語らい人と人が神のもとで語らう人の行いのことである。これが神道の定義である。行いであるがゆえに「道」なのである。そして里のことわりのもとに、この世で日々営むこともまた、神道である。

働くものは、いのちのはたらきとして耕し、ものの世界から糧を受けとる。神道とはこの日々の生産活動の不思議への畏怖と、その生産に携わりつつ生きてきた先人の智慧であり、その実践に他ならない。

生産の不思議を聴きとり、語らい、いのちあるものの安寧と五穀の豊穣を、畏怖をもって祈ること、これが神道である。日本列島で、人はながくこのように神に祈り、ともに生きるところでたがいに支えあって、いのちをつないできた。そこで形づくられた、人の生き方、それを「里のことわり」と言おう。

かつて、前田俊彦が『根拠地の思想から里の思想へ――瓢鰻亭の天国歴訪』などで「里の思想」ということを語った。「里のことわり」はこの「里の思想」を日本語のなかで解きほぐし、深め、ひきついでゆくことでもある。

神道という概念そのものは、それほど古いものではない。それだけにここであらためて定義することの意味がある。われわれはこうして、神道を見いだすのである。

七世紀になって統一国家ができたころ、国家統一のためにいわゆる記紀神話という物語が形成される。そして、神の憑代《よりしろ》としての神社もまたさまざまに再編され、古来よりの御神体にあわせて、物語に由来する新たな神がまつられてゆく。神社を支配体系に組み込もうとする力と、その土地の神をまつる神社とのあいだにさまざまの矛盾もおこり、その関係も世の変化にあわせてさまざまに変化する。しかし、その基底にはやはり今に続く日本神道がある。

神道というとき、それは一つの宗教と考えられてきた。しかし、いま定義したように、神道とは、言葉が、この世界内に人が生きてあることの不思議を「神」としてとらえ、そのうえで、その神のもとに人が生きる道を言うのである。

ならば、神道とは人であることの普遍性と言葉に規定された固有性の統一であり、神道そのものは人にとって普遍的である。このように見いだされた神道は、従来の国家神道のいう「日本国の神道」を否定し、「国語で表された神道」や「国民の神道」ととらえられてきた「神道」を超えるものである。

人は、言葉を身につけることで、この智慧を受け継ぎ人としての考える力を獲得し、そして成長する。成長の過程で身につけた言葉は、その人の考える力の土台である。神道とは、言葉に蓄えられてきた智慧を時代の求めに応じてとりだし、明らかにすることそのものである。このように考えるならば、日本神道とは日本語がその言葉の仕組みをとおして伝える神の道である。

われわれがここで見出した日本神道は、古来よりいまに生きる神の道である。そしてそれは、日本列島が一つの国に統一されるよりもはるか昔に、東アジアやまた遠くインドからの人々が行きかうなかで形成され、今日まで営々と受けつがれ、また深く耕されてきた古人の智慧である。そしてそれは日本語の構造を通して今日に伝えられている。

『夜明け前』に導かれて日本近代の百五十年を見直すとともに、近代日本語を考えることと結びついて神を再定義し、それをもとに、藤村が『夜明け前』に残した「あの素直な心」をとらえ直した。藤村の遺志を受けつぐために必要な作業であった。

人は本来このような心をもって生きようとしている。しかし、徳川幕藩体制という階級社会では、日本語のヒトが語る人のあり方は、世のものとはならない。そのゆえに、この心をもう一度この世に求め、そこから新しい世を生み出してゆく、これが倒幕に立ちあがった志士たちや半蔵の夢であった。

本居宣長に導かれてあのすなおな心を『古事記』等に読みとったものたちが、その心の失われた幕末の世の有様に向きあい、これを倒して里のことわりにもとづく新しい世を生みだそうとしたのが明治維新であった。

だが『夜明け前』に述べられているように、明治維新の現実は半蔵の夢を裏切っていく。それは、明治期が資本主義であるがゆえにという一般的理由と、そして天皇がその心を体現するということが虚構であるという個別の理由のゆえにであった。

天皇に里のことわりの源があるというのは虚構である。この虚構をのりこえて、里のことわりを述べ、里のことわりを生きる道筋に立てようとすることこそ、真の意味での愛郷主義である。天皇家の支配以前から今日に続く里のことわりを、自覚して今日によみがえらせて生かす。この立場がなければ、時代を転換することなど不可能である。

天皇制は、万世一系という虚構と、「みこともち」としての天皇というもう一つの虚構のうえに立っている。万世一系が虚構であることは歴史学の問題であり、それはすでに明確になっている。「みこともち」としての天皇もまた、万世一系と対をなす虚構である。

近代のなかでことを聴きとるのが、実は働くもののうちにおり、民百姓のうちにいるという思想は、内部からの近代思想として可能であった。この方向にもう一つの日本近代を構想することができる。しかし近代思想が西洋近代思想でしかなかった明治以降の日本はそのようには歩まなかった。歴史は、いまいちど、みことを受けとるものは民百姓のなかにこそいる、というところに立ちかえるときにきている。

明治維新では実現しなかった国学の徒の夢が、逆に資本主義が終焉期に至っている今日こそ新しい問題提起なのである。そして、神道が示す人と世のあり方こそ、つぎの時代をひらいてゆくうえでの、大きな教えである。

第四章　よみがえる神道

神道の経験

私はこの日本語のかたる神をどのようなところで認めてきたのか。

私は茶所の宇治に生まれた。小学校低学年前後に住んでいた宇治川べりの家の近くには、現存する日本最古の木造建築である宇治上神社が小高い山の麓にあった。その側にある桐原の泉と言われる湧水の建屋も古く、そこに座り込んで風に揺れる草木を見つめていた。

その後、引っ越したところには縣《あがた》神社があった。六月五日は奇祭と言われる縣祭である。真夜中に街道筋の明かりを消して、梵天のお渡りがある。家を開放し大阪から来た人らを泊める。お宿と言っていた。母が鯖鮨を作る。かつてこの日は小学校も午前中で終わ

宇治上神社

りだった。

家には小さい神棚があった。何が祭られていたのかわからない。大晦日に父が神棚に灯明をともし、翌日の別の世界の別の時間の始まりが用意される。その灯明のろうそくの光の静かな揺らぎが、違う世界を示していた。その頃、まだ土間には竈《かまど》があった。ここにも小さな門松をかけ、十二の餅と言っていたが、小餅を十二個、二列に並べてひとつにしたものを鏡餅として祭った。おそらくは年占いのなごりなのだろう。

京都では如意ヶ嶽、いわゆる大文字山の麓の北白川に下宿した。ここは白川女の里であり、北白川天神宮があった。考えごとのあるときはいつも、石段を登り境内にある社の前に腰をおろした。大学をやめ京都を出ることを決めたのも、ここでのことであった。

人は人生にゆきづまったときに、深い樹木の奥、こけむした巖、木漏れ日のあたる場に、いのちの不思議とそして神の息吹を感じとり、そこから立ちあがる力を得る。これが京都北白川の経験であった。

京都北白川天神宮とその鳥居（上）

西宮越木岩神社の甑岩

そしてまた、大学の横の吉田山には吉田神社があった。室町時代から続く節分の縁日には夜店が並ぶ。多くの摂社や末社もあり、歩きまわった。八角形の奇妙な建物も印象深い。

働いてからは、西宮に住んだ。はじめに住んだところは西宮えびす神社の近くであった。産業道路と鉄道にはさまれたところにあるが、まわりは深い木々に囲まれている。それから引っ越し、広田神社の地元に住んだ。宮参りにも行かせてもらった。さらに北へ引っ越してからは、もう四半世紀以上、甑《こしき》岩といわれる巨岩の磐座《いわくら》をご神体とする越木岩神社が地元の神社であり、左翼活動に打ち込んでいた時代も含めて、初参りもどんど焼きに参るのも毎年欠かさず続けている。

越木岩神社を取りまく雑木林は、原生林である。冬も葉を落とさない常緑の林である。巨岩をかこむ雑木林のなかに社をおき、その自然を守り、その力への畏怖をいだき、身近なものの安寧、世の平安を願って手をあわせる。この地で、営々と人は祈り、拓き耕し生活し、命をつないできた。

それはまさに、いのちをいのちたらしめ、生きものを生きものたらしめる根源的なはたらきをするものとしての神を感取し、そしてその神に祈ることである。

このように、磐座や川や山などその地にある固有のものをご神体とし、それをかこむ鎮守の森や社叢とともに、その地の協働体の中心にすえて、人々は力をあわせて生きてきた。森のなかの空間に人が来て坐り、あるいは海の見える洞窟に坐り、心を放って自然とそれを超えたものを感じとり、またそのことを聴く。人が人として生きるうえでなくてはならないところであった。

私にとって、そして神社に参る多くの人にとって、神道は、神とその教えを信じるというよりは、神社によって守られてきた風土とそれに根ざした生活を受けとめ、われわれの生の根拠を感じとり、そして祈ることであった。

それは一個人のことではなく、このような経験は人々の深い無意識の記憶として蓄えられ、言葉の基層で伝えられてきた。

琉球の御嶽《うたき》もまた、日本列島の鎮守の森や社叢と同じところか、と問うことができる。これを解きほぐすためには、琉球諸語を基層から読み、琉球諸語の古代における成立についても深く知り、そして琉球諸語と日本語がどのような関連をもって熟成してきたのかもまた知らねばならない。ここで「琉球諸語」と言うのは、沖縄島の言葉、八重山諸島のそれぞれの言葉、宮古島の言葉などが、たがいに異なる言葉なのか否か、それもまだ確定していないからである。

これらを探究する基礎的な作業のうえに、琉球諸語に伝えられてきた神道と日本神道が、カミをあいだにして語りあう。そして、それをふまえて、近世から近代における日本列島における世のあり方と琉球諸島における世のあり方、およびその相互の関係を顧み、それをのりこえてゆく基本的な途を見いだしてゆかねばならない。

本稿の立場からいえば日本神道の経験に照らし、琉球諸語に伝えられてきた神の言葉を聴きとり、たがいに共生する新たな場を生み出してゆくという課題である。これらはまだ、まったく開かれたままの課題である。

神仏の習合

みずからの経験を日本語に照らしあわせ、日本神道を定義してきた。私には、仏教もまた身近であった。

道元禅師の『正法眼蔵』はその美しい文体にもかかわらず、みずからの経験としてはわからないままであった。しかしこの本は手ばなせなかった。宇治上神社の近くには、桃山時代に再興された道元開祖の興聖寺があった。小さい頃から慣れ親しんだ遊びの場であり、また祖師堂の前の石段は高校生のころ

宇治興聖寺祖師堂

から考えごとをするところであった。興聖寺は道元にひかれたきっかけの一つである。また、『正法眼蔵』の「山水経」の冒頭、

而今《しきん》の山水は、古仏の道現成《どうげんじょう》なり。
ともに法位に住して、究尽《きうじん》の功徳を成ぜり

という言葉を、宇治川とその周辺の風光そのものとして受けとめ、『正法眼蔵』に入っていった。

大学二回生になった一九六七年五月、臨済宗京都相国寺の在家居士の会である智勝会を知り、相国寺専門僧堂の老師に参禅、僧堂で禅の修行を始めた。

日曜ごとに雲水とともに僧堂に坐った。真冬の臘八の接心では夜通しの座禅も経験した。夕刻僧堂に坐ると、鐘楼から鐘の音とともに四弘誓願文を唱える声が聞こえる。

衆生無辺誓願度　煩悩無盡誓願断

京都相国寺僧堂

法門無量誓願學　佛道無上誓願成

これは仏教の基本思想である。耳で覚えて、いまも忘れない。そして私が、さまざまの試行錯誤をくりかえしたのも、大学二年の時に覚えたこの四弘誓願文に突き動かされていたような気がする。

四弘誓願文を唱えつつこの梵鐘をつくことは、室町時代から六百年以上、戦火や地震で鐘楼が失われたとき以外は、毎日欠かさず続いている。応仁の乱のころは何度も焼けているし、天明の大火でも焼けている。それでも続いてきた営みである。

師事した老師は、曹洞宗の開祖道元の『正法眼蔵』を講本にして提唱された。また、ある雲水さんの故郷の寺である西播は赤穂の寺で合宿もした。そこでは早朝から晩まで座禅に明け暮れた。

しかし、全学ストライキのはじまった頃に寺を離れた。そして、もう今生のうちに僧堂で坐ることはないと思っていたが、四十五年後、元智勝会員であった人らの集いに出会い、以来毎年夏の一日、相国寺僧堂での座禅を続けている。

日本列島においては、律令制の時代より、現実の宗教はつねに国家の支配制度の一部であった。そこにおいて神道と仏道はたがいに位置づけあい、さまざまの形態をもって、いわゆる神仏習合がおこなわれてきた。

そのような歴史のなかで、鎌倉時代にはじまる新仏教、念仏を旨とする仏教、そして道元を開祖とする禅仏教は、神仏習合とはあいだを置いてきたと言われる。しかし、以上に見てきたような日本語の語る神は、むしろこの道元の教えと近いように思われる。『正法眼蔵』の「山水経」の冒頭「古仏の道」を「神の

道」におきかえ

而今の山水は、神の道現成なり。

いのちのまことを、むすびてあるなり

としても意味をなす。「いのちのまこと」とは、「もの、こと、いき」一体のあり方をしているいのちを成り立たせている神のはたらきのことである。それがまさに目の前の山水に現れているということであり、道元の言葉が表すことと同じことを、別の言葉で言うことになる。

また「山川草木悉皆仏性」は仏道の言葉であるが、これを「山川草木悉皆神性」と言えばそのまま日本神道の言葉である。

私の境涯が未だに低くその違いをつかむことが出来ないがゆえに、このように考えるのかもしれない。その戒めは忘れず、そのうえでいまの私のなかにおいて、神の道と佛の道はこのように近しいのである。

さらに道元は、『正法眼蔵』のなかの一巻「現成公案」のなかで、「身心脱落《とつらく》」について次のように言う。

仏道をならふといふは、自己をならふなり。自己をならふといふは、自己をわするゝなり。自己をわするゝといふは、万法に証せらるゝなり。万法に証せらるゝといふは、自己の身心、および佗己《たこ》の身心をして脱落せしむるなり。

これは実に、自己が自己を脱落してことになりきったときの言葉である。道元はさらに、「もの、こと、いき」のなりたつときについて深める。『正法眼蔵』「有時」において、

時は飛去《ひこ》するとのみ解会《げえ》すべからず、飛去は時の能とのみは学すべからず。時もし飛去に一任せば、間隙ありぬべし。

とのべる。ここで言う「時」とは、まさにこの「ことが成立するとき」である。道元はさらに

尽界にあらゆる尽有は、つらなりながら時時なり。有時なるによりて吾有時なり。

とも言う（同）。ものはすべて「つらなりながら」、つまり大いなることのもとにおいてあるのであり、しかも一つ一つが生き生きと時時なのである。「有時」なるとき人はことそれ自体にある。『正法眼蔵』の述べることは、「もの、こと、とき」の世界の基本構造そのものである。

道元の発心・求道はまったく内部からのものであり、さらに天童山での道元の経験は、「中国からの刺激」ではなく中国や日本という文化の制約をこえた普遍的なもので、如浄もまた、普遍的な立場から道元に法を嗣いだ。道元は自分の経験を述べるために、自身は堪能であった中国語を漢文として使うことはしなかった。中国語に堪能であっただけに、漢文式日本語の叙述に入り込む空白を道元は十分に認識していた。

道元は、当時の日本語の枠組みのなかに、中国語から漢字語を切り取って自己の経験に裏打ちされた意味をもって配置する、という独自な方法をあみ出した。当時の日本語の条件のなかでそれ以外になかった。「山水経」のなかの「而今の山水は、古仏の道現成なり」というこの「而今」を、他に訓読みしうる表現で言うことはできなかった。言葉をこえた普遍性を獲得し、言葉からも自由な地点から逆に言葉を駆使した。『正法眼蔵』は、日本語の現実に立って普遍性を獲得する可能性を示すものである。

道元もまた日本語に蓄えられた智慧を、そのときに一歩深めて『正法眼蔵』としてのべたのである。非情の求道と無限の向上、この道元の生き様は、日本神道と基底のところでむすばれている。

仏教は、「煩悩無盡誓願断」の言葉にあるように、現実の人のあり方の否定を契機とし、その上に新たな境涯をひらくことを基本とする。否定と飛躍、である。神道の教えそのもののなかにはこのような否定と飛躍はない。

しかし歴史的事実を見れば、幕藩体制を現実に否定したのは、あのすなおな心をもういちど取りもどしたいとする神道の徒であった。

生まれれば神社に参り、死ねば葬儀は仏式に執りおこなう。この日本列島に暮らすものは、神の道と仏の道をたがいに基底で通じあうものとして受けとめ、補うあうものとしてきた。これは大きな智慧である。そして、学び、祈ってきたのである。このように神仏習合は自然なことである。

普遍の神道

日本語には日本語に結実した智慧としての神道があるように、朝鮮語にも朝鮮語に結実した智慧としての神道があり、琉球諸語にも琉球諸語の神道がある。世界のそれぞれの言葉に、それぞれの神道がある。日本語を読みとった立場から、そのように確信する。それぞれの神道は、それぞれの言葉の構造とそして風土などの条件に規定された固有性をもつ。日本神道とは日本語の神道のことである。

こうして、それぞれの言葉は、その言葉の仕組みを通してこの世界の不思議をとらえ、それを「神」と言う。それぞれの言葉にはそれぞれの神とその神の道たる神道がある。

西洋の言葉で書かれた聖書のヨハネ福音書の冒頭は

はじめに言葉があった。言葉は神とともにあった。
言葉は、神であった。

である。「言葉」は「logos」の訳とされているが、これは「こと」そのものである。西洋語では、ことが先にありそのもとでものが作られる。このようにこの世界をとらえる。ここから出てくる「もの」は物質と精神とに二分するときの物質である。

日本語はそれとはまったく異なる。このような二分法ではない。ものは実に広く深い。この深く広いものを日本語は「もの」という一つの言葉でとらえる。この意義を吟味し、ここに蓄えられた先人の智慧に注目しよう。

同時に、「はじめにことあり」とする西洋の智慧もまた尊重しよう。それぞれは異なる言葉の構造をもつが、しかしそれぞれの構造を通してこの世界とここで生きる意味をつかんでいるのである。

ものとことをそれぞれの言葉に応じて理解し、そしてたがいにわかりあう。すなおな心をもてば、言葉の違いを越えて人と人はわかりあうことができる。

ヘラクレイトス以降、ロゴス（こと）は、プラトン、アウグスティヌス、啓蒙主義と西洋の哲学者にとって極めて重要な意義をもつ言葉であった。

ことをわるという営みは、人にとって基本的なことであり、他の言葉においても、この構造がある。英語 inte - llect の意味は「わり＝ inte、こと＝ llect」つまり日本語の順では「こと - わり」であり、それはまたギリシア語の dia - logos する働きでもある。dia は割ることであり、logos は日本語の「こと」に対応している。logos は言葉を意味するとともに、ことの内容を意味する。dia - logos は「対話」と訳されるが、その言葉の構造は「ことわり」と同じである。

このように、日本語をその基層からとらえるならば、そのもとに、他の言葉の仕組みもまたとらえることができる。このことは、アラビア語についても、中国諸語についても、その他の言葉についても成りたつはずである。

神道とは言葉の固有性と人であることの普遍性が統一したことである。

資本主義がおしつける偽りの普遍性に対して、神道は固有性と普遍性の統一であり、この固有性を保守することは、この資本主義のもつ偽りの普遍性に対抗し、これを越えることにつながる。固有性の保守は、まず何より言葉の段階でなされねばならない。そしてそれは、経済は手段であり方法であるという立場から、これを乗り越える人をうみだすことそのものである。さらにそれはまた、固有性をたがいに尊ぶ生きた普遍の場を生み出すための土台でもある。

世の変革は、言葉の再生を伴わなければ根が浅く、経験が蓄えられず、うわべのものになり、水泡に帰す。言葉の転換と一体となった世の転換が求められている。過去、日本語は何度かの大変転を経てきた。再び新たな転換が求められている。歴史の流れをおさえ、いまこそ、そのときを準備しはじめよう。神道は、人にとって普遍的なことであり、つぎの時代の基礎なることである。

神道において言葉にもとづく固有性と人であることの普遍性は統一している。それぞれの神道はたがいに認めあって共生しなければならない。

しかし、いまの世の現実はそれとはほど遠い。資本主義の終焉期において、民族主義と排外主義が、大きな潮流となっている。これをどのようにのりこえてゆくのか。

固有性を深く耕し、固有性をたがいに尊ぶ生きた普遍の場を生み出すことである。言葉のなかに蓄えられてきた智慧は、それが直接の生産を土台にする生きた智慧であるかぎり、十分に掘り起こされたならば必ず通じあえる。すなおな心をもってすれば、人はわかりあえる。人は言葉の違いをこえてわかりあえる。

しかしそれは、固有の言葉を深く耕すとき、はじめて可能であると考える。そのときはじめて人は、協同して働き輝きながら向上する生命としての本質において同じであるという普遍性のうえに立てる。人は、それぞれの人の生きた深さにおいてしか、たがいにわかりあうことはできない。言葉の問題ではない。人がわかりあえるためには、生きて固有の言葉を拓き耕し、人の土台に至らなければならない。それができなければ、転換期を超える新しい段階の人は生まれない。

固有の言葉に根をもつ普遍性が開示される場で、はじめてともにわかりあえ、ともに生きることができる。近代資本主義が力をもって押しつける「普遍性」は普遍でない。真の普遍は、固有性が共存する場としてのみ実現される。それは、西洋近代を構成する部分をもひとつの固有性とする、新しい段階の普遍性である。しかし、それは、土台としての言葉が深く耕されなければ不可能である。

世界の人民が、自分たちを抑圧する相手が世界的な新自由主義につながる現代資本主義とその権力であることを見出すとき、新たな連帯が生まれる。時間はかかるが、そのときは来る。現代は実に困難な時代である。しかしまた、希望も失われていない時代である。

階級という問題は普遍性の問題である。新自由主義が全世界規模の搾取体制となったことで、そのもとに置かれた人々もまた同じ相手のもとにあるもの同士としての連帯が必然となる。階級という普遍性の場で、固有性はどのように生きるのか。あるいは生かしうるのか、この回路を人類はまだ見出してはいない。

この問題を明確にしないかぎり二十世紀と同じ過ちをくりかえす。現実に存在した社会主義は人や民族の固有性と対立した。もちろんそれは誤りというよりは、人類がはじめて出会った社会主義革命という現実の歴史課題のなかでの試行錯誤の問題なのである。われわれは二十世紀に大きな試行錯誤をした。血の教訓であった。時代は再び社会主義を求めている。

レーニンは「革命は普遍的なことだが、その方法と形式は固有なものである」ということを言っている。方法と形式の固有性について、少なくとも日本のいわゆる左派はあまりにも無頓着であった。実在するものは固有性のもとに実在する。近代主義的左派は、このことの重大性を理解できなかった。しかしまた、これはまったく未知な開かれた問題として、われわれの前に横たわっている。

実際、協働するものが、それを成り立たせている言葉に基礎をもつ固有性に立脚して、そこを離れることなく、協働することをたがいに認めあうとき、固有性を越えて分かりあう可能性が開かれる。固有性を深く耕して徹底し、固有性を突き抜けた新しい段階の普遍性をめざす。言葉のなかに蓄えられてきた智慧は、それが直接の生産を土台にする生きた人の智慧であるかぎり、十分に掘り起こされたならば必ず通じあえる。人はわかりあえる。

これは可能性であるが、また現在の歴史が求めていることであり、それゆえにこの可能性を現実性に転化することができる。しかし、その途は容易なことではない。世界の各地に広がる新しい運動が、たがいを理解しあうこと、これが突破の途である。こうして、固有性をたがいに尊重しあうところとしての普遍を生み出すこと、そのための智慧と実践が今日の課題である。

歴史は、西洋文明が押しつけた疑似の普遍性ではなく、固有性が解放された人の生き生きとした普遍性を求めている。固有性が互いを認めあって共存し、ともに問いかける普遍のところを求めている。あのすなおな心の場は、それが可能であることを教えている。

本居宣長は、「漢心」を排して「大和心」によって古事記を読んだ。それは平田篤胤にも受けつがれた。そこには、日本語の基層から古事記を読むという国学の基本理念がある。同時に、西洋資本主義が日本列島にも寄せてくるなかで、国内的にも商業が大きくなり、それにともなって民族意識もまた内部に生まれてきたことを反映している。

その「大和心」が「あの素直な心」として幕末の志士に受けつがれた。しかし、明治維新の後の国家神道の時代、「大和心」は民族主義を煽り、資本主義の膨張とに国民を動員し、軍国主義に統合してゆくことに使われた。これは歴史的事実である。

しかし、われわれが日本語の基層に立ちかえってその心をもういちど取り出した今、その心は民族主義とは無縁であり、ここで再定義されたすなおな心こそ、新しい世の人の心である。それは、それぞれに固有性を持ちつつ、人にとって普遍的なものである。

ジャック・デリダは西洋のロゴス中心主義を批判し、脱構築を提唱した。西洋の哲学におけるロゴスの絶対性・優位性を問い直すことで、これまでの哲学者たちの論理的な構築というものを崩し、西洋思想の新しい可能性を模索した。そのときデリダが立ちかえったのもまた、フランス語の基層であったと考えられる。

日本列島においても、また欧州平原においても、それぞれの言葉とその地の歴史をふまえて、今日の生活がある。そしてまた、それぞれの地で人々のあいだの格差が広がり、さらにそのうえに、アフリカ大陸や西アジアでは、欧州の植民地支配の傷跡深く、故郷で生活できなくなった人々の難民移動が続いている。

本稿では「里のことわり」を定義した。それに対して、シリアやアフリカからの難民は、里を追われ田を失っているではないか。里のことわりなどは、故郷をもつものだけの言葉ではないのかという問いがかえってくる。いやそうではない。日本語から再定義した里のことわりは、里のことわりの源が天皇にあるとする虚構によって、里から奪われている。天皇制に奪われた里のことわりを里の人々の手に取りもどさなければならない。これがわれわれの基本の立場である。

であるから、奪われ方は違え、奪われたことにおいて、われわれは今日難民である人らと分かりあえる。経済を第一とする世にあって、故郷においての生活が破壊され難民たらざるを得なくなったところにおいても、その言葉を深く掘り下げるなら、里のことわりに出会うはずである。それによって、いま何を失っており、そして何を取り返さねばならないのかがわかる。それは、日本語において里のことわりが歴代の支配のあり方によって奪われてきたことを識るがゆえに、今日の難民が故郷を追われたことの意味もまた、深く識ることができる。

歴史の転換

神道がいまどのような時代のなかにあるのかということもまた、世界大のなかでとらえなければならない。明治維新から百五十年という節目の時は、同時に、この資本主義が終焉の段階にあるその時でもあった。

経済拡大によらない地球生活の維持と再生産の仕組みは可能なのか。核惨事の起こる前年に浜矩子は『死に至る地球経済』において「悲惨な結末を回避したければ、思い切って耐え難きを耐え、不可能を可能にする」と述べた。そしてそれを乗り越える叡智が求められていることを浜矩子は説く。それは説得力があった。

しかしその翌年、東電核惨事が起こった。浜矩子の問いかけは、原発を維持するのか、廃棄してゆくのかということでもあった。戦後日本は、アメリカの核戦略のもとに無理して無理してやってきた。その果ての「悲惨な結末」としての核惨事であった。

実体経済活動への投資では利益が出ないので、資本主義延命策として周辺部を内部に作り、そこから収奪するしかなくなっている。この方法は、結果としていわゆる格差を拡げ購買力を衰退させ、行きづまる。あるいは、アメリカのように金融空間を作り出し、金融空間で周辺部から金を集める。しかしこれは必ずバブルの崩壊を招く。さらにまた、ＥＵのように欧州帝国を作り出すことで生き延びようとしても、帝国のなかの周辺部からの収奪を強めれば結局は収奪されたところにおいて危機が起こる。いずれも擬似的に拡大する場を作ろうとしてきたが、それらの方法はもはや限界に近づいている。いまや、軍事分野以外に利潤を生み出すところがないところに至り、紛争を引きおこし戦争があおられている、それが現在である。

このとき、いまいちど、人は何において人であるのか。その根拠をどこに求めるのか。これを考えなければならない。人は言葉をなかだちに協同して働くいのちである。それを協働という。言葉による協働、これが人の人であるゆえんである。ここに人の根拠をおく。これがわれわれの立場である。そしてそこで生みだされるものの交換過程が経済である。

資本主義は、人を資源と見なす。そしてその資源からいかに奪うのかということをその基本的な動機としてきた。交換過程は複雑化し、そこに貨幣が生まれ、貨幣を増やすことが自己目的化する。これは結局のところ、いかに効率よく集め奪うのかということである。そのことが経済活動とされた。資本主義は、経済を目的とし、人を手段、つまりは資源とする。

しかし人にとって経済は目的ではない。働くいのちの輝き、ここに人の意義がある。人は尊厳ある生活の実現のために協働してきたのである。経済はあくまで手段である。この人の原点に立ちかえらなければならない。

この八百年、金儲けは至上の目的であった。しかし、昔からそうであったのではない。人はながく、協働して自然からの恵みを得て、助けあって生きてきた。経済はそのための手段であった。一万年を超える新石器時代以降の人類の歴史のなかで、経済が目的であったのはこの八百年に過ぎない。

もとより奴隷社会や封建社会が成立すると、実際に働くものは経済以前のところで収奪されてきた。だから、フランス革命や明治維新とそれに続く近代資本主義そのものは必然であった。しかし今日それはもはや乗り越えねばならないところにまできている。経済は手段に過ぎないという人の原点に立ちかえることを歴史は求めている。

かつて社会主義は資本主義経済に代わる計画経済をやろうとして失敗した。そこではやはり経済を第一の目的とする資本主義の思想から抜けだせなかった。物の生産を第一とする唯物論、単純唯物論による経済第一の社会主義は失敗した。こうしてまたその時代にはじまる政治組織、いわゆる左派政党も歴史的役割を終えた。

今日の根本問題は、資本主義にかわる別の生産関係を生みだすということ自体ではない。生産関係はそのままにしても、経済は手段であり方法であるという立場から、これを乗り越えるのである。言いかえれば、資本主義的生産関係を使いこなす人とその組織、世のあり方、これを創造してゆくこと自体が、資本主義の終焉である。

資本主義そのものは、使いこなす対象としての経済の制度であり、かつての社会主義思想のように資本主義的な生産関係を終わらせること自体を目的にする必要はない。大切なことは、これを使いこなしうる、人を第一とする政治を生みだすことである。

資本主義がゆきづまるのに応じて、人を資源として収奪し格差を拡げ、その一方で戦争をあおりそこから利益を得ようとする金融と軍事産業の複合体の動きとあわさって、民族主義、排外主義が一定の勢力となる。それはつまるところファシズムに至る。

資本主義は行きづまり、軍需産業しか大きな利潤を生みださない。日本もまた戦争で儲けようとする世界大の資本主義の輪にとりいれられた。そして、かつての国家神道とその体制を復活させ、そのもとで再び戦争に人を駆り立てるたようとする動きがこの間続いている。

為政者や東電幹部には、福島原発核惨事で、周りの環境や多くの生き物、そして人々を損ね大きな傷手を負わせてしまったという、畏れの気持ちがまったくない。それは、すなおな心を失った、神を恐れることを知らない政治である。

資本主義の行きついた果てとしてのアメリカは、現代のローマ帝国であり、資本主義の終焉という条件のもとで、解体過程に入ったローマ帝国である。帝国はその没落の過程で必ず戦争の危機をもたらす。いかに犠牲を少なくし、次の時代をひらくのか。ここに、いま人類が直面する最も大きな問題、つまりアメリカ問題がある。

敗戦後、一貫してこのアメリカに隷属してきた日本は、この帝国アメリカの解体過程のなかで、激しく世が変動する。

このなかでわれわれは、福島原発核惨事に神の言葉を聴きとり、それをふまえて、アメリカ問題に向きあう。一国的には、アメリカへの隷属を断ちきり、まことの独立を実現する。そしてその過程で、帝国アメリカの没落をうけとめ、アメリカ人民の新しい世への闘いとたがいに呼応し連帯する。

それは、日本神道が教える、大きなものへの畏怖を失わない世とその政治への世の転換の、その闘いそのものである。

神道の教え

歴史の現在がこのようにあるとき、すなおな心をその根底におく日本神道は、歴史の求めに応じてゆこうとするものに対して、生きる道を指し示す。

日本列島にくらすものは、福島原発核惨事に、神道の原点に立ちかえれという神の言葉を聴かねばならない。そして、今日の問題に即して里のことわりは何を意味するのかを考え、いまの世の有様をすなおな心で見直さなければならない。

いまの世において、人はヒトが表すものたりえているか。人はいのちの根源が宿る貴いところでありえているか。言葉はほんとうに「ことのは（端、葉）」を表しているか。ことを覆いかくした見かけの言葉が横溢していないか。いのちは、イノチが表すものとして大切にされているか。あまりにも多くの命が、戦争などで失われていないか。働くことでほんとうにさちは人に届いているか。このさちが奪われ、ごく一部のところに集められ、多くのものは日々の暮らしにも事欠くことになっていないか。たがいの神道は共生し得ているのか。宗教に名を借りた破壊によっていかに多くのものが失われているか。

これらの問いについて、一つ一つ日本語の基層に立ちかえって考え、神道はいま何を教えるのかを聴きとるなら、それは次のようにまとめられる。

第一に、人はたがいに、いのちのやどる人として、尊敬しあい、敬いあい、いたわりあえ。人のさまざまな力は、けっしてその人の私のものではない。世にかえしてゆかねばならない。人を育て、人に支えられる世であらねばならない。今日の日本では、人は金儲けの資源でしかない。このような世のあり方は神道に背く。

第二に、言葉を慈しめ。人は言葉によって力をあわせて働き生きてきた。言葉は構造をもつ。新たな言葉は、その構造に根ざして定義されねば意味が定まらない。近代日本の言葉の多くはこの根をもたない。これでは若者の考える力が育たず、学問の底は浅く、言葉が人を動かす力も弱い。もういちど近代日本語を見直せ。

第三に、ものみな共生しなければならない。いのちあるものは、互いを敬い大切にしなければならない。生きとし生けるものを大切にせよ。無言で立つ木々のことを聴け。金儲けを第一に現代の技術で動かすかぎり、核発電所はかならずいのちを侵す。すべからく運転を停止し、後の処理に知恵を絞れ。

第四に、ものみな循環させよ。使い捨て拡大しなければ存続しえない現代の資本主義は終焉する。人にとって、経済はさちを得て人として生きるための方法であって、目的ではない。人が人としてたがいに敬い協働し、いのちが共生する世のためにこそ、経済はある。経済が第一のいまの世を、人が第一の世に転換せよ。

第五に、たがいの神道を尊重し、認めあい共生せよ。神のことを聴き、そして話しあえば途はひらける。国家は方法であって目的ではない。戦争をしてはならない。戦争はいのちと日々の暮らしを破壊する。まして戦争で儲けてはならない。専守防衛、戦争放棄、これをかたく守れ。

これが日本神道の教えることである。そしてこれは、固有性を徹底して掘り下げることによって得られた普遍であり、日本を越えて世界によびかけることでもある。

かつて、自民党の前尾繁三郎は、死の五日前（一九八一年七月十八日）の講演で「経済が低成長時代にならざるを得ない時代にどうするかの認識とその対策をいかに採るべきかを、いろんなところで提言しているのに、指導者たちにその認識ができていない」と言い残し他界した。

資本主義がゆきづまったいま、この言葉は切実な叫びであり、これまでの立場の違いをこえて、次の時代をひらこうとするものすべての課題である。そして、神道の五項目の教えこそ、この前尾の言葉に呼応するものである。

この前尾の言葉は、発せられたそのときは日本経済がバブルに向かうときであったが、バブル崩壊後の政治こそこの遺言を守ってなされなければならなかった。しかし、まったく逆に今日まで、政府も経団連も権威主義的な体制をおしすすめ、法治主義を投げ捨て、国家を私物化し、そこで利益を出そうとしている。

この背後にあるのが、日本神道に背き近代の国家神道に回帰しようとする神社本庁と日本会議であり、それに操られるものたちが、神道の五項目の教えとは真逆の政治をおこなっている。それは、官僚、財界、マスコミ、その背後の帝国アメリカ、これらが支配する旧体制の今日における姿である。

人を金儲けの資源としか見ず格差を拡大し、政治はうわべの官僚言葉を駆使して責任をとらず、福島の現実を覆いかくして原発を再稼働し、アメリカに従属して言われるままに貢ぎ続け、再び兵器産業で利潤を得ようとする。これがいまの世の姿である。

言葉への畏れを失った官僚言葉や、あまりにも偽善的に飾られた商業言葉が、日本を覆っている。今日の日本政治を主導するものは、資本主義のゆきづまりを戦争をあおり軍需産業でのりこえようとする国際的な軍需産業体制の輪のなかにみずから組みこまれ、それによって旧体制を維持しようとしている。

資本主義の行きづまりを、新たな途でのりこえようとするさまざまの闘いが、二十一世紀に入って世界の各地で広がってきた。日本においても若者から老人まで世代や社会的位置をこえた運動もまた、大きく立ち現れてきた。いまはその渦中である。この世は革まらなければならず、人は変わらなければならない。これが、東京電力福島発電所がひきおこした核惨事の教訓である。この教訓を現実化する運動、これが現れてきた。

さらにその土台には、多くの人の、人としての理念をもった運動が積み重ねられてきた。経済分野では、効率よりも人に優しいものをつくろうとする生産者とそれをいただくものを結ぶ協同組合運動であり、商工組合のような活動である。人を資源として使い捨てることに対抗する、人の尊厳を根底におく本来の労働運動もまた横に広がっている。さらにまた、さまざまに、今のすさんだ世の中に居場所を失った人らと、できるところからつながり、たがいを認めあってゆく運動もまた根強く営まれている。もとよりここに書ききれるものではない。みな人としてやむにやまれぬところではじまり続いている。

このような運動のなかにこそ、資本主義を乗り越える契機が生まれている。新しい運動はいわゆる物質的な豊かさを求めるものではない。人の輝きを奪い尊厳を踏みにじる、そのことへの怒り、これが人々を突き動かす。

そしてまた、さまざまのところで、これまで資本主義が広めてきた価値観と異なる別の生きる道を模索する人々の運動が、裾野を拡げている。ものの循環する世の模索である。

それが、こんな世を下から動かしてゆく。それぞれの分野で、そういう時代になっている。いま歴史は、新たな世をひらいてゆくことを求めている。

根のある地についた変革の思想を育てよ。東電核惨事は、やはり、もういちど人が日本語で生きることができる場を耕すことを求めている。この道を行くしかない。

協働の営みのなかで、ものと言葉を大切にし、温かなつながりを生みだそう。隣人同僚、山河草木、助けあって生きよう。そのところにこそ固有の言葉は育つ。日本語のことわりに根ざした思想を鍛え、新しい生き様を育てよう。

そうであるなら、青山半蔵の夢は、いまこそ正夢とするときである。あのすなおな心は、地道にこつこつと新しい人生を模索している人々の心であり、経済第一の世から人を第一とする世への転換をきりひらこうとする人の心でもある。資本主義が終焉期にあるいま、すなおな心はつぎの時代をつくってゆこうとするものの心そのものである。

すなおな心とは、しかし、容易なことではない。日頃の生活と仕事のなかで習慣づいている考え方ではない。それを、もういちど見直す心である。経済を第一に考えることに慣れてしまっている日常を、改めてとらえなおし、そして「もの、こと、いき」のいのちの不思議に出会わなければならない。そのときはじめて、あのすなおな心は人の心となる。

いまなお、世は夜明け前である。しかしまた、近代日本を痛恨をもってふりかえるわれわれは、新しい世の扉を開けうる位置に立っている。実にいまは、帝国アメリカが崩壊し、経済の時代から人の時代へ向かう一大転換期にある。この扉を開くための基礎作業、それが近代日本語をその根底から定義し直す再定義の試みである。

かつて人々は、神道のもとに、循環する共生の世を生きてきた。これを現代において見直し取りもどそう。こうして、閉塞した現代日本の旧体制をうち破ろう。うち破る力は、旧来の左右の分岐を乗りこえた新しい人の台頭、これである。そして、国家を超えてたがいの固有性を尊重しあう普遍の場を生み出そう。島崎藤村の『夜明け前』はいま、これらのことをひとりひとりに問いかけている。この問いかけに応えてゆこうではないか。

あとがき

原稿を出版社に送ったとき、この一冊を書くのに二十年かかった、と思った。文章の推敲ができるうちに書けたともいえるが、この歳になって本にまとめようというのは、身を削って後の世代への遺言を書くようなものであり、まとめればまとまったで次の課題も出てきて、なかなか尽きない。

一昨年、ようやく人に語る言葉が準備できたかと思い、二本の原稿をある雑誌に寄稿した。それらを龍谷大学名誉教授でフランス現代思想専攻の杉村昌昭さんにも読んでいただいたところ、これは大切な内容だからぜひ出版するようにと言われた。寄稿した原稿をもとに新たな内容を加え再構成したものが本書である。

杉村さんは出版社もさがしてくださった。彼の激励がなかったら、出版にまでは至らなかったかもしれない。心から感謝するものです。本にすることで、広げまた深めるべきところがよく見えてくる。これからも研鑽を続けたい。

そして、いろんな人と対話ができればと思う。大きく世が動いてゆく時代にこそ、言葉を大切にして語りあう文化の根づくことを願っている。

参考文献

辞典

『日本国語大辞典』（初版、全二十巻）　小学館、一九七二〜一九七六
『国語大辞典』　小学館、一九八一
『岩波古語辞典』（補訂版）　大野晋 他、岩波書店、一九九〇
『古典基礎語辞典』　大野晋編、角川書店、二〇一一

古典 一

『古事記』
『口語訳　古事記』　三浦佑之、文藝春秋社、二〇〇二
『正法眼蔵』　道元、岩波文庫、一九九〇
『夜明け前』　島崎藤村、青空文庫図書
『古事記伝』　本居宣長、岩波文庫、一九四〇
『霊の真柱』　平田篤胤、岩波文庫、一九九八
『仙境異聞』　平田篤胤、岩波文庫、二〇〇〇

古典 二

『日本資本主義分析』山田盛太郎、岩波書店、一九三四
『天皇制国家の支配原理』藤田省三、未來社、一九六六
『折口信夫全集』第二十巻神道宗教篇、中公文庫、一九七六
『宮廷生活の幻想 ― 天子即神論是非』一九四七
『日本の歴史　明治維新』井上清、中公文庫、一九七四
『明治精神史』上下、色川大吉、講談社学術文庫、一九七六
『相楽総三とその同志』上下、長谷川伸、中公文庫、一九八一

大野晋

『日本語をさかのぼる』大野晋、岩波新書、一九七四
『日本語の起源　新版』大野晋、岩波新書、一九九四
『一語の辞典　神』大野晋、三省堂、一九九七
『日本語の形成』大野晋、岩波書店、二〇〇〇
『弥生文明と南インド』大野晋、岩波書店、二〇〇四
『日本語の源流を求めて』大野晋、岩波新書、二〇〇七

時枝誠記

『國語学原論』時枝誠記、岩波書店、一九四一
『國語学原論　続編』時枝誠記、岩波書店、一九五五
『國語学史』時枝誠記、岩波書店、一九四〇
『日本文法口語編』時枝誠記、岩波全書、一九五〇
『現代国語教育論集成　時枝誠記』明治図書、一九八九

近代日本語論

『翻訳語成立事情』柳父章、岩波新書、一九八二
『翻訳語を読む』柳父章、丸山学芸図書、一九九八
『近代日本語の思想』柳父章、法政大学出版局、二〇〇四
『象は鼻が長い』三上章、くろしお出版、一九六〇
『日本語はどういう言語か』三浦つとむ、季節社、一九七一
『私家版日本語文法』井上ひさし、新潮社、一九八一
『やまとことばの人類学』荒木博之、朝日選書、一九八三
『日本語　表と裏』森本哲郎、新潮文庫、一九八八
『大和言葉を忘れた日本人』長戸宏、明石書店、二〇〇二
『ひらがなでよめばわかる日本語』中西進、新潮文庫、二〇〇三

その他

『瓢鰻亭通信』前田俊彦、土筆社、一九六九
『根拠地の思想から里の思想へ――瓢鰻亭の天国歴訪』前田俊彦、太平出版社、一九七一
『百姓は米をつくらず田をつくる』前田俊彦著、新木安利編、海鳥社、二〇〇三
『物流理論が縄文の常識を覆す』藤田英夫、東洋出版、二〇〇三
『生きることを学ぶ、終に』ジャック・デリダ、鵜飼哲訳、みすず書房、二〇〇五
『無根のナショナリズムを超えて――竹内好を再考する』鶴見俊輔、加々美光行、日本評論社、二〇〇七
『死に至る地球経済』浜矩子、岩波書店、二〇一〇
『資本主義の終焉と歴史の危機』水野和夫、集英社、二〇一四
『赤松小三郎ともうひとつの明治維新――テロに葬られた立憲主義の夢』関良基、作品社、二〇一六
『知ってはいけない――隠された日本支配の構造』矢部宏治 講談社現代新書、二〇一七

本書は以下の寄稿論文をもとに、加筆再構成したものである。

「言葉の力と『生きる』ことの意味――日本語の再定義を求めて」、『日本主義』第三十五号、白陽社、二〇一六、所収

「いま『夜明け前』を読む」、『日本主義』第三十六号、白陽社、二〇一六、所収

「日本神道の本当の姿――国家神道の虚偽」、『フラタニティー』第八号、ロゴス社、二〇一七、所収

【著者紹介】

河村央也（かわむら・ひさなり）

一九四七年、茶所の宇治に生まれる。一九七四年春、京大大学院数学専攻博士課程を退学、兵庫県で高校教員となる。一九八七年春、その高校を辞し、いくつかの職業を経て、一九九三年夏より、塾などで高校生に数学を教える。かたわら、一九九九年夏より、電脳空間に「青空学園」を開設、日本語科と数学科を置き、これを主宰する。

神道新論
——日本の言葉から明治維新百五十年を考える

2018年 4 月 5 日 第 1 刷印刷
2018年 4 月10日 第 1 刷発行

著者——河村央也

発行者——和田 肇
発行所——株式会社作品社
102-0072 東京都千代田区飯田橋 2-7-4
Tel 03-3262-9753　Fax 03-3262-9757
振替口座 00160-3-27183
http://www.sakuhinsha.com

編集担当——内田眞人
装丁——小川惟久
本文組版——ことふね企画
印刷・製本—シナノ印刷(株)

ISBN978-4-86182-695-5 C0021